Nils Petersen
**Bank-Geheimnis**

AF196626

GOLDMANN

Nils Petersen

# Bank-Geheimnis

Selbstgespräche eines
Fußballprofis

Mit einem neuen Vorwort

GOLDMANN

Penguin Random House Verlagsgruppe FSC® N001967

1. Auflage
Aktualisierte Taschenbuchausgabe Juni 2024
Copyright © 2023 der Originalausgabe:
Verlag Herder GmbH, Freiburg im Breisgau
Copyright © 2024 dieser Ausgabe:
Wilhelm Goldmann Verlag, München,
in der Penguin Random House Verlagsgruppe GmbH,
Neumarkter Str. 28, 81673 München
Umschlaggestaltung: UNO Werbeagentur,
München, in Anlehnung an die Gestaltung der Erstausgabe
(Gestaltungssaal, Rohrdorf)
Umschlagmotiv: Uwe Köhn, Halle (Saale)
Satz: Buch-Werkstatt GmbH, Bad Aibling
Druck und Bindung: PBtisk, a.s., Pribam
Printed in Czech Republic
KF · CB
ISBN 978-3-442-14312-2

www.goldmann-verlag.de

*Mein Dank gilt allen, die mir den Weg
in eine erfüllte Karriere als Leistungssportler
bereitet und mich in 16 Jahren Profifußball
geprägt und begleitet haben.*

# Taktische Aufstellung

# Vorwort

Im Juli 2023, wenige Wochen nachdem ich die Fußballschuhe beim SC Freiburg an den berühmten Nagel gehängt hatte, lüftete ich mein »Bank-Geheimnis« im Buchformat beim Verlag Herder und schaffte es tatsächlich auf Anhieb in die Spiegel-Bestsellerliste. Dieses Abschneiden hat mich ebenso überrascht wie das große Interesse der Fans sowie die fantastische Resonanz auf der anschließenden Lesereise zu den Stationen meiner 16-jährigen Laufbahn als Bundesliga-Profi. Vor allem die immense Wertschätzung für die transportierten Werte von einstigen Weggefährten, Neugierigen aus der gesamten Republik, aber auch Nachwuchskickern und vielen Eltern erfüllte mich mit Dankbarkeit und einer gehörigen Portion Stolz.

Der zeitlos gültige Rückblick auf meine 34 Kapitel Erfahrung im Haifischbecken Profifußball erscheint nun als Taschenbuch und ich wünsche der neuen Leserschaft größtmögliche Freude beim Eintauchen in meine Gedanken.

Herzlichst, Nils Petersen

# Warm-up

»Interessante Selbstgespräche setzen einen klugen Partner voraus.« Dieses Zitat stammt wohl vom britischen Autor H. G. Wells. Das habe ich nachgeschlagen und nicht etwa gewusst. Nun bin ich weit davon entfernt, mich für sonderlich klug zu halten. Spätestens seit meinem vielzitierten *Focus*-Interview vom Dezember 2017 mit *Spiegel*-Reflex

wurde mir die selbstkritische These der Verblödung permanent unter die Nase gerieben. Dennoch wähle ich zum Abschied von der deutschen Fußballbühne die Gattung des Selbstgesprächs zum Reflektieren meiner 16-jährigen Laufbahn als Profi und Privilegierter – nicht zuletzt deswegen, weil so niemand in meine rückblickenden Überlegungen hineingrätschen oder widersprechen kann. Es ist meine Sicht der Dinge, die ich hier vorlege: subjektiv, differenziert und so authentisch wie möglich. Gedanken-Lesen im wahrsten Sinne des Wortes also.

1 Bye-bye Bundesliga.
Es war mir eine Ehre.

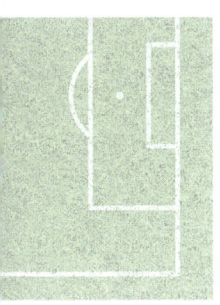

# Prolog

Dem Fußball verdanke ich alles, was ich bin und habe. Deshalb beende ich meine aktive Laufbahn in kurzen Hosen mit einem weinenden Auge und der Ungewissheit, wie sich das Leben ohne Rasen, Training, Mannschaft und Spielplan anfühlt, aber auch nicht frei von Sorgen um die »schönste Nebensache der Welt« mit ihren vielen Begleiterscheinungen und stetigen Entwicklungen. Denn in der scheinbar glamourösen Welt des Fußballs ist längst nicht alles Gold, was glänzt.

Nach dem emotionalen Abschied vom Freiburger Publikum und dem wehmütigen von den Stadien Deutschlands sage ich dem Bundesliga-Parkett, vor allem aber allen Wegbereitern und -begleiterinnen auf diesem Weg: DANKE! – eben in Buchform, was sonst nur deutlich Prominentere tun, und im Wissen darum, dass ich nicht annähernd so viele Titel, Triumphe und Tore vorzuweisen habe wie berühmtere Hobby-Autoren aus der Branche vor mir. Folglich geht es gewiss nicht um Selbstbeweihräucherung, eine Aufzählung von Einsätzen oder Statistiken als vielmehr um das Bedürfnis, nachfolgenden Generationen junger Talente, aber auch Fans und Verantwortlichen etwas zu hinterlassen: Gedanken eines scheidenden Profis eben.

In der Rückschau komme ich nicht umhin, zunächst von Beginn an chronologisch meinen fußballerischen Werdegang grob nachzuzeichnen, nicht weil dies sonderlich interessant wäre. Aber gerade die unterschiedlichen, nicht immer amüsanten Erfahrungen der ersten Jahre wurden zum Fundament für alles, worauf ich meine Karriere aufbauen konnte – durchaus nicht nur unter sportlichen Aspekten, sondern auch Bezug nehmend auf das, was mich in den vergangenen 16 Jahren hat reifen und bestehen lassen: die Entwicklung meiner Auffassung von Professionalität, mein Verhältnis zu den Menschen um mich herum, in den Teams und Vereinen, die Herausbildung mir wichtiger Werte in diesem Business: All dies soll im Folgenden zu Wort kommen. Jede Station, jeder Kurzeinsatz, jedes zu überwindende Hindernis haben mich dorthin geführt, wo ich jetzt zufrieden und stolz ein Fazit ziehen kann, und von alldem möchte ich nichts missen. Ohne Wernigerode kein München, ohne Jena kein Cottbus, ohne Bremen kein Rio de Janeiro, ohne Freiburg kein privates Glück. Der skizzierte Werdegang ist demnach Teil meiner Selbstvergewisserung, weil ich nie vergessen darf, woher ich komme und wo meine Wurzeln liegen.

Ich bedanke mich bei ausnahmslos allen Mit- und Gegenspielern, Trainern, Betreuern, Ärzten, Physiotherapeuten, Vereinsverantwortlichen und -mitarbeiterinnen, Fans, Sympathisanten, Freunden sowie vor allem bei meiner Frau und meiner Familie, die mich auf meinem Weg durch 16 Jahre Profifußball mit seinen Höhen und Tiefen begleitet und geprägt haben. Ihr Vertrauen und ihr Zuspruch waren stets die Basis, um einerseits Widrigkeiten und Zweifel zu überwinden, anderseits mich als Persönlichkeit zu entwickeln – und Tore zu schießen.

# [1]–[34]

Spiel des Lebens –
frei von taktischen
Zwängen

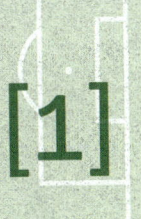

# [1] Kinder, wie die Zeit vergeht

Die Erinnerungen an den Beginn meiner immer noch anhaltenden Fußballbegeisterung sind arg verschwommen, sozusagen in Kinderschuhe eingezwängt. So blieb mir keine andere Wahl für die Rekonstruktion der Anfänge, als Zeitzeugen zu interviewen, idealerweise meinen Ballsport besessenen Papa Andreas. »Sag mal, wie war das eigentlich damals?« Mir hätte ein kurzer Abriss allemal genügt zur Vervollständigung der Geschehnisse. Doch ich hatte die Rechnung ohne den Wirt gemacht und hätte es eigentlich besser wissen müssen. Denn prägnant-gebündelte Zusammenfassungen in wenigen Sätzen sind nicht die Stärke meines kommunikativen Vaters. Erstaunlich, welch scheinbar unerhebliche Details er noch immer aus der Hüfte schießt mit dem damit verbundenen Redeschwall, vermutlich dezent gefärbt mit Tendenz ins Rosarot. Sicherheitshalber habe ich auch die Gegenprobe gemacht – bei meiner Mutter Sabine. Aber siehe da: Sie hat die

2 Kindheitstraum. 20 Jahre später ging er in Erfüllung.

3 Früh übt sich, wer Drecksarbeit verrichten will (beim Adidas-Cup 1996).

etwas ausfernde Version meines Vaters zumindest inhaltlich bestätigt.

Demnach entwickelte sich meine Begeisterung für den Fußball an einem einzigen Tag, gewissermaßen von null auf hundert. Es fand die Weltmeisterschaft 1994 in den USA statt, ich war zarte fünfeinhalb Jahre alt und maulte noch am Vormittag irgendwas von »Fußball nervt!« wegen der TV-Dauerberieselung in jenem Frühsommer. Am Abend dann durfte ich das Viertelfinalspiel der deutschen Nationalmannschaft gegen Bulgarien live am Bildschirm mitverfolgen. Ich hätte zwar lieber die »Olsenbande« gesehen, aber Hauptsache länger aufbleiben als sonst. Doch plötzlich rollten die Tränen, Tränen der Wut und des Mitleids. Natürlich war ich für Schwarz-Rot-Gold und fand das Ausscheiden aus dem Turnier total blöd – schließlich waren wir amtierender Weltmeister. Ausgerechnet der kleine Thomas Häßler musste ins Kopfballduell gegen den 2:1-Siegtorschützen Yordan Letchkov, und der nicht viel größere Bundestrainer Berti Vogts wurde ob der Schmach von den TV-Reportern ordentlich gemaßregelt. Unfair! Am liebsten hätte ich die Verlierer persönlich getröstet, vermutlich erste Anzeichen von Gerechtigkeitssinn – schon damals.

Von diesem Zeitpunkt an wollte ich jedenfalls auch Fußball spielen. Der Job meines älteren Herrn als Trainer beim SV Südharz Walkenried war für den Startschuss in Töppen wie gemalt. Ich konnte ihn oft begleiten, ein bisschen bolzen und die ersten Schritte unter Aufsicht machen. Bald fuhr ich zu jedem Training mit, eine Stunde quer durch den Höhenzug in Mitteldeutschland. Nicht selten war ich als ABC-Schütze erst nach 21 Uhr aus Niedersachsen zurück und somit nicht gerade altersgerecht im Bett. Aber ohne Fußball ging nun halt gar nichts mehr. Ich schnürte für meinen Heimatort Wernigerode die Schuhe, wurde dann von Germania Halberstadt aufgespürt. Noch immer nannte mich mein Vater »Dicker«, was nicht gerade an einen drahtigen Jungen denken lässt. Wo das Tor steht, habe ich jedoch ziemlich schnell entdeckt, ebenso den Teamgedanken. Nicht selten wunderten sich meine Eltern, dass ich bei Punktspielen auch mal draußen saß und meinen Mitspielern die Daumen drückte, obwohl mein Talent dem Vernehmen nach etwas größer war als das mancher Gleichaltriger. Aber die anderen Jungs wollten halt auch kicken, was ich absolut nachvollziehen konnte, weshalb ich auch schon mal zugunsten eines eher grobmotorischen Kumpels verzichtete.

Jedenfalls drehte sich fortan nahezu alles Außerschulische um das runde Leder. Da meine Eltern nicht immer die Fahrdienste übernehmen konnten und auch meine ältere Schwester Norma zum Fußballtraining musste – sie war übrigens besser als ich und mein großes Vorbild –, übernahmen Thomas Waldow und Uwe Gabler oft die Fahrerei. Noch heute bin ich meinen damaligen C-Jugend-Trainern dankbar, denn ohne sie wäre meine Leidenschaft wegen fehlender Trainingseinheiten nebst dem dort Erlernten womöglich beizeiten abgeebbt.

Im Dezember geboren, war ich in allen Nachwuchsteams zwangsläufig stets einer der Jüngsten, was in Altersgruppen mit plötzlichen Wachstumsschüben eine durchaus nicht unerhebliche Rolle spielt. Also musste ich bald lernen, mich gegen Größere und Robustere zu behaupten. Das machte sich bezahlt, spätestens als 15-Jähriger und inzwischen nicht mehr ganz so molliger Bengel. Noch immer war mein Vater Coach beim SV Südharz und fragte seine Mannschaft, ob er denn seinen Sohn mittrainieren lassen dürfe. »Nur, wenn er auch wirklich alles mitmacht und sich nicht die Rosinen rauspickt und vor dem Tor auf Zuspiele wartet«, lautete die Rückmeldung der Oberliga-Männer. Vielleicht hatte ich mir das nicht sonderlich gut überlegt, denn als Vertreter der alten Schule war mein Erzeuger ein ziemlich harter Hund mit hoch hängenden Fitness-Trauben und den gefürchteten Medizinbällen als treue Begleiter. Die vielen Läufe haben mir aber letztlich ebenso wenig geschadet wie den erwachsenen Leidensgenossen, und so durfte ich 2004 als Frischling wegen Personalmangels sogar bei einem Hallenturnier im benachbarten Thale mitwirken. Dort befand sich Heiko Weber unter den Zuschauern, der damalige Trainer des FC Carl Zeiss Jena. Sein geschultes Auge erkannte bei mir scheinbar irgendein Potential, von dem ich selbst gar nichts ahnte. Er legte den Nachwuchsverantwortlichen in Thüringen nahe, mich sofort auf die Sportschule zu holen. Magdeburg und Halle hatten zuvor keine Verwendung für einen Kicker aus Wernigerode in Sachsen-Anhalt, Jena schon. Das historisch tatsächlich so benannte »Paradies« als jahrzehntelang titelträchtiges Schwergewicht des Ostfußballs war eine gute Adresse und zugleich eine Auszeichnung für mich. Ein offenbar unfallfreies Probetraining bei den dortigen B-Junioren und akzeptable Schulnoten sorgten dafür, dass ich 2005 plötzlich im Internat des Sportgymnasiums landete. Zu alldem war ich sozusagen wie die Jungfrau zum Kind gekommen, denn strategisch geplant oder gar angestrebt war dieser Weg zuvor keineswegs.

Weil sich die Leistungen fortan vermutlich recht ordentlich entwickelten, nominierte mich Frank Engel als DFB-Trainer 2007 sogar für die U19-Nationalmannschaft. Diese Auswahllehre wäre dann beinahe frühzeitig beendet worden. Denn als die A-Junioren des FC Carl Zeiss Jena zum Entscheidungsspiel um den Aufstieg in die Bundesliga gegen den 1. FC Magdeburg antraten, wurde ich händeringend gebeten, für den Verein aufzulaufen und nicht für die deutsche Equipe. Zwischen den Stühlen sitzt es sich mitunter recht unbequem, aber meine Mitschüler im Stich zu lassen, brachte ich nicht übers Herz. Weil mit einer Berufung ins Nationalteam wiederum nicht beliebig zu verfahren war, sondern Abstellpflicht herrschte, meldete mich der FCC beim DFB als verletzt. Dumm nur, dass ich dann beim 5:1-Sieg über Magdeburg zum

4  Der Schüler Petersen im Jenaer Sportinternat. Die Internatszeit gehörte zu den schönsten und unbeschwertesten meiner aktiven Laufbahn.

Aufstieg in die höchste Spielklasse vier Tore beisteuerte und dies den Verantwortlichen in Frankfurt am Main naturgemäß nicht verborgen blieb. Sie fühlten sich zurecht an der Nase herumgeführt und luden mich nicht mehr ein – bis zu einem klärenden Gespräch, das sich eher zufällig am Rande der Saisoneröffnung 2007/08 in Jena mit den anwesenden DFB-Trainern ergab. Glück gehabt. Nicht zum ersten und nicht zum letzten Mal.

Plötzlich war ich mittendrin in der wohl schönsten Zeit des Sportlerlebens – Internat halt. Keine elterlichen Vorschriften, Überwachungen oder Appelle, die Hausaufgaben zu machen, einfach nur ganztägiger Schwerpunkt Fußball mit Gleichgesinnten, ein bisschen wie Studentenleben, nur mit Rasenplatz statt Hörsaal. Und was heute beinahe unvorstellbar zu sein scheint: kein Fernseher im Zimmer, ohne Computer oder internetfähiges Handy. Ablenkungsfreiheit, für die ich rückblickend sogar dankbar bin. Als ich dann an einem freien Wochenende als einziger Sportschüler in Jena blieb, statt nach Hause zu fahren, kam ein Anruf vom Jenaer Profiteam. Wer denn noch da sei, denn für ein wettkampfnahes Spiel 11 gegen 11 würden Nachwuchsjungs gebraucht. Die Angst vor dem ersten Training bei den gestandenen Männern war um einiges größer als meine Lust auf die sportliche Herausforderung. Ich hielt mich auch nicht ansatzweise für geeignet, da oben mitmischen zu können. Offenbar stellte ich mich dann aber nicht allzu ungeschickt an und durfte fortan als 17-Jähriger regelmäßig ungerade Zahlen auffüllen, also einspringen, wenn Not am Mann war. Bereit für höhere Aufgaben fühlte ich mich dadurch jedoch noch längst nicht. Einmal geriet mein Auftritt im Abschlusstraining vermutlich unterbewusst dermaßen unterirdisch, dass mich der Chef, anders als ursprünglich geplant, aus dem Spieltagskader der Profis strich. Das kam mir gelegen, denn die 2. Mannschaft des FC Carl Zeiss kickte an diesem Wochenende gegen die Mannschaft meines Vaters, worauf ich naturgemäß deutlich mehr Lust hatte als auf die ungemütliche Ersatzbank einige Ligen darüber. Doch gab es immerhin 200 Euro Monatshonorar für mich in der 2. Bundesliga, ein stattliches Taschengeld für einen Teenager. In der Euphorie der ersten Zweitliga-Einwechslungen hatte ich mir sogar einen Vier-Jahres-Vertrag mit 900 Euro netto plus Zivildienstkohle aufschwatzen lassen und dachte damals tatsächlich, damit der reichste Mann Thüringens zu sein.

Da bei einigermaßen vielversprechenden Talenten dieses Alters viele Leute sehr genau zu wissen glauben, was gut für einen ist und entsprechende Empfehlungen abgeben, wurde wegen des Interesses des 1. FC Köln und des drohenden Jenaer Abstiegs aus der 2. Bundesliga Ende der Saison 2007/08 mein Wechsel von der Saale an den Rhein in Angriff genommen. Gespräche mit dem damaligen FC-Manager Michael Meier hatten bereits stattgefunden, meine Bude in Jena war gekündigt und eine neue Bleibe in Köln gefunden. Für die damalige Premieren-Saison der 3. Liga 2008/09 besaß ich nämlich keinen gültigen Vertrag mehr im Paradies – das wurde mir jedenfalls so erklärt. Nach Ansicht der Jenaer Club-Verantwortlichen und leider auch des Amtsgerichts lagen die Dinge jedoch ein wenig anders, so dass ich weiter beim FCC für neun Hunderter im Monat die Schuhe schnürte – statt für einiges mehr in Köln. Zu allem Überfluss musste ich auch noch das Geld für drei Monatsmieten Kaution für die nicht genutzte Wohnung am Rhein zusammenkratzen. Der Rat meines Umfelds stellte sich also am Ende als ziemlich teuer für mich heraus. Zum Zuge kam ich in Jena unter drei Trainern in wenigen Monaten jedoch nur noch sporadisch. Wenig begeistert waren auch die Carl Zeiss-Fans, spätestens nachdem mich die *Bild*-Zeitung nach den bekannt gewordenen Wechselambitionen nach Köln als »Söldner, Schmarotzer, Stinker« betitelt hatte. Das ändert aber nichts daran, dass die Jahre in Jena zu den schönsten meiner Karriere gehörten – auch wegen meiner ersten Liebe.

# [2] Auf die Plätze, fertig, los ...

Es war einmal 2007. Der VfB Stuttgart wurde Deutscher Meister, Schalke 04 und Werder Bremen zogen in die Champions League ein und der 1. FC Nürnberg holte den DFB-Pokal. Das klingt wie ein Märchen aus längst vergangener Zeit, als lägen zwischen damals und heute mehrere Generationen. Mitnichten, es sind gerade erst 16 Jahre vergangen, also exakt die Zeitspanne seit meinen ersten Schritten im deutschen Profifußball bis zum nunmehrigen Abschied von der Bundesliga-Bühne.

Inzwischen kaum noch vorstellbar, spielte mein Ausbildungs-Verein FC Carl Zeiss Jena tatsächlich in der 2. Bundesliga. Gar nicht so schlecht, als Aufsteiger hielt die Truppe zunächst locker die Klasse und ermöglichte jungen Kerlen wie mir, erste Sporen zu verdienen. Natürlich werde ich meinen ersten Einsatz nie vergessen, auch wenn er nur einige Sekunden dauerte. Der Klassiker für eingewechselte Stürmer – in der 89. Minute. Am 4. Februar 2007, wenige Wochen nach meinem 18. Geburtstag, hoffte Trainer Heiko Weber wohl auf einen Lucky Punch der jugendlichen Unbekümmertheit, als Carl Zeiss vor 42 000 Zuschauern beim 1. FC Köln mit 0:1 zurücklag. Es blieb eine Verzweiflungstat. Ergo startete ich mit einer Niederlage und ohne ernstzunehmenden Ballkontakt in den bezahlten Männerfußball, es war dennoch ein unvergessliches Erlebnis – und der Grundstein für alles, was seitdem folgte.

Reibungslos und wie im Bilderbuch verlief die weitere Laufbahn dann keineswegs. Die nächste Saison 2007/08 bescherte mir immerhin 20 Einsätze mit Jena in der 2. Bundesliga mit vier Toren, den Premierentreffer gleich zum Auftakt im Spiel gegen Alemannia Aachen. Während unser Team in dieser Spielzeit in der Meisterschaft nichts auf die Reihe bekam und in Summe als Tabellenletzter abstieg, erlebte ich eine erste Lektion in Sachen Männerfußball am eigenen Leib hautnah: Der Pokal hat seine eigenen Gesetze! Im Elfmeterschießen setzte sich der FC Carl Zeiss gegen den 1. FC Nürnberg durch, kegelte danach Arminia Bielefeld nach Verlängerung aus dem Wettbewerb und sorgte dann schließlich für einen Husarenstreich im Viertelfinale: Beim

5  Aller Anfang ist schwer. Auch mit dem FC Carl Zeiss Jena beim torlosen Remis gegen Dynamo Dresden.

amtierenden Deutschen Meister VfB Stuttgart um Thomas Hitzlsperger, Yıldıray Baştürk und den überragenden Mario Gómez in seinen jungen Jahren durfte ich wenige Wochen nach meinem 19. Geburtstag 120 Minuten um mein Leben rennen. Dann drückte ich im Mittelkreis beim Elfmeterschießen erfolgreich die Daumen – 5:4 für Jena, eine Sensation! Das folgende Halbfinale bescherte uns als Zweitligisten dann stolze 80 000 Zuschauer im Dortmunder Westfalenstadion und eine glatte 0:3-Niederlage, wieder durfte ich in der Startelf ran. Prägende Erlebnisse mit bleibenden Eindrücken und der Gewissheit: Im Fußball ist alles möglich. Na ja, fast alles.

Es schlossen sich allerdings zwei beinahe komplette Kalenderjahre ohne persönliches Erfolgserlebnis an. Das hatte ich bis dato gar nicht mehr auf dem Schirm und wohl verdrängt. Aber tatsächlich: 2008 und

2009 verzeichnet meine fußballerische Vita nur ein Punktspieltor für die Profis (erst am letzten Spieltag vor der Winterpause 2009/10 durfte ich wieder jubeln – aber das fiel eher dezent aus, es war nämlich der Treffer zum 0:4-Endstand kurz vor Schluss im Cottbus-Trikot gegen Rot Weiss Ahlen). Für einen Angreifer, der über Tore abgerechnet und beurteilt wird, war die Jahresbilanz schlicht eine Vollkatastrophe. In der Rückrunde 2007/08 ging ich komplett leer aus und stieg als Tabellenletzter mit Jena ab, in der 3. Liga 2008/09 standen in Halbserie eins nur fünf Startelfeinsätze und 13 Einwechslungen unter drei verschiedenen Trainern zu Buche. Ohne eigenen Treffer, wie gesagt.

Der Lockruf aus Cottbus kam in der Winterpause deshalb ebenso überraschend wie gerade recht. Was folgte, war eine echte Nacht-und-Nebel-Aktion: Der FC Energie als Flaggschiff des Ostens spielte immerhin in der Bundesliga, Manager Steffen Heidrich sah scheinbar in mir als gerade 20 Jahre alt gewordenem Jüngling eine lohnende Investition in die Zukunft und überwies dem Vernehmen nach 250 000 Euro an den FCC. Gerüchten zufolge brauchte Cottbus dringend einen deutschen Spieler, zwölf mussten damals laut Statut zwingend zum Profikader gehören, »Local Player-Regelung« nannte sich das. Noch bevor ich einen Euro verdient hatte, raste ich mit 170 km/h in einen Blitzer auf dem Weg zum Medizincheck in der Lausitz (und war danach für einen Monat Fußgänger ohne Fahrerlaubnis), hechelte zurück nach Hause und musste mir noch vor Abreise ins Trainingslager bei Takko ein schwarzes Poloshirt kaufen – um einheitlich gekleidet in den Flieger steigen zu können. Unterwegs achtete ich zwischen all den neuen Mitspielern peinlich genau darauf, dass niemand meinen Last-Minute-Erwerb vom Wühltisch allzu akribisch in Augenschein nahm. Abfällige Kommentare noch vor dem ersten gemeinsamen Training wollte ich unbedingt vermeiden. Das Kennenlernen des neuen Teams war durch die Einzelzimmer-Belegung auf Zypern auch kein Selbstläufer, zur Kummer-Bekämpfung musste ich mir vor Ort am Kiosk erstmal eine Packung Zigaretten besorgen. Die reichte dann knapp bis zur Abreise.

Die ersten Wochen nach Rückkehr aus dem Trainingslager in einem Hotel der fremden Stadt waren ebenso gewöhnungsbedürftig. Weil ich nur ein Tageslimit Kohle abheben konnte und die Ausgaben für Provision und Kaution der ins Auge gefassten City-Wohnung ziemlich üppig waren, stocherte ich mir regelmäßig Kleingeld für den abendlichen Subway-Besuch aus dem Porzellansparschwein. Mittags gab's gern mal Aufgetautes aus dem Tiefkühlregal, das bis zur zweiten Trainingseinheit eher schwer im Magen lag. Meine Ernährung war damals genauso unprofessionell wie die bis zum letzten Glockenschlag ausgedehnten Heimfahrten. Lieber raste ich morgens um fünf Uhr mit zwei Schokomuffins in Jena los, um in Cottbus rechtzeitig zum Vormittagstraining zu erscheinen, als einen weiteren Abend im Hotel abzuhängen. Zwar war ich als Fernfahrer in bester Gesellschaft, weil auch Leistungsträger wie Keeper Gerhard Tremmel und Igor Mitreski mit Wohnsitz in Berlin gern schon mal vier Stunden täglich auf der Autobahn verbrachten; aber mich mit den alten Recken zu vergleichen, verbot sich von selbst.

Die Eingewöhnungsphase mit Lerneffekt kam mir mit zeitlicher Verzögerung durchaus zugute. Auch das Training des Vielvölkeraufgebots half, vom Talent zum Profi zu reifen. Nicht selten standen wir täglich zweimal zwei Stunden partiell untätig auf dem Rasen herum, um dem generalverdächtigen Taktikfanatiker Bojan Prašnikar aus Slowenien mit dem unstillbaren Cola-Durst bei seinen mehrsprachigen Anweisungen am Reißbrett zu folgen. Und wenn dann doch mal wettkampfnah geübt wurde, war ich in Zweikämpfen als schmächtiger Hungerhaken gegen gestandene Bulldozer wie Vragel da Silva oder Mariusz Kukiełka eher Opfer als Täter.

Es ehrte mich zwar, dass mich der Energie-Manager nach vier Zweitliga-Toren zu Höherem berufen sah. Dieser Meinung war er aber offenbar allein, denn Bojan Prašnikar konnte im knallharten Abstiegskampf der Elite-Liga mit mir herzlich wenig anfangen. Dass er sich meinen Namen nicht merken konnte und mich konsequent Jens nannte, machte es nicht wesentlich besser. Am vorletzten Spieltag 2008/09 gehörte ich überhaupt erstmals zum 18-köpfigen Kader, am 34. und letzten durfte ich dann endlich erstmals Bundesliga-Luft schnuppern: geschlagene sechs Minuten eingewechselt gegen Bayer Leverkusen, als die Partie nach drei Toren des überragenden Ervin Skela längst für uns entschieden war (3:0) – und Cottbus in die Relegation durfte im Kampf um den Klassenerhalt. Obwohl mit Dimitar Rangelov und Ivica Iliev die beiden bis dato besten Cottbuser Offensivspieler ausgerechnet in den beiden Entscheidungsspielen angeschlagen fehlten, sah ich mir das Heimspiel-Desaster gegen den Zweitligisten 1. FC Nürnberg 90 Minuten von der Bank aus an. 0:3 endete diese Farce, 0:2 aus Cottbuser Sicht das Rückspiel. Immerhin war ich auf dem Spielfeld live dabei, als sich Energie Cottbus nach der vermutlich langweiligsten Relegation seit Einführung damals aus der Bundesliga verabschiedete. Für den Verein und die Lausitz eine Tragödie, für mich angesichts des notwendigen Neuanfangs in Liga zwei ein Segen.

5000 Fans sorgten nur wenige Wochen nach dem Abstieg aus der höchsten Spielklasse beim Trainingsauftakt für ungeahnte Euphorie. Der Kader wurde runderneuert, ein radikaler Umbruch erfolgte mit namhaften, jungen Neuzugängen wie Marc-André Kruska und Markus Brzenska. Neue Chance, neues Glück – auch für mich, dachte ich jedenfalls. Denn zum gesetzten Stürmer Emil Jula wurde kurz vor Saisonstart noch sein rumänischer Landsmann Sergiu Radu verpflichtet, eine Institution in Cottbus aufgrund früherer Heldentaten und demzufolge mit Bonus am Start. Léonard Kweuke gab es auch noch im Konkurrenzreigen, ein Kerl mit Oberschenkeln wie Baumstämme. Und wenn keiner von uns den charismatischen Coach Claus-Dieter »Pelé« Wollitz restlos überzeugte, stellte er eben Dribbelkönig Stiven Rivić in die vorderste Spitze. Am 17. Spieltag erzielte ich als Einwechselspieler gegen Rot Weiss Ahlen immerhin meinen ersten Treffer für Energie Cottbus (zum 0:4-Endstand); als Belohnung lautete die Transfermarkt-Statistik in den darauffolgenden drei Partien: Ohne Einsatz im Kader.

Der Knoten platzte zu Jahresbeginn 2010. Cottbus lag gegen TuS Koblenz im heimischen Stadion der Freundschaft zur Pause 0:1 zurück. Der völlig frustrierte Pelé Wollitz hatte sich in der Halbzeitansprache Gerüchten zufolge schon fast vom Team verabschiedet und brachte mich eine knappe halbe Stunde vor Schluss links im offensiven Mittefeld auf eher ungewohnter Position – als letzte Patrone sozusagen. Wenig später gelang mir der Treffer zum 1:1-Endstand, und Pelé versicherte mir anschließend sinngemäß: Du spielst die nächsten fünf Begegnungen von Anfang an, egal was passiert. Vorschusslorbeeren, die ich als Vertrauen verstand und rechtfertigen konnte. Es folgten weitere acht Saisontreffer und ein Stammplatz im Team, der mich in der Folgesaison 2010/11 zum Torschützenkönig der 2. Bundesliga beförderte. Denn plötzlich gelang mir fast alles in einer intakten Mannschaft mit Wohlfühlfaktor und Offensivgeist. Mit dieser Truppe um Thorsten Kirschbaum, Uwe Hünemeier und Jiayi Shao hätten wir Cottbus durchaus nochmal ins Oberhaus schießen können, wenn nicht gar müssen. Doch rings um das DFB-Pokalhalbfinale gegen Staffelkonkurrent MSV Duisburg mit dem großen Endspiel in Berlin vor Augen und der öffentlichen Diskussion um bereits abgeworbene Spieler blieben Fokus und Konzentration auf der Strecke und es reichte in der 2. Bundesliga am Ende nur zu Platz 6. Zu allem Überfluss endete auch unsere

6  Nicht schön, aber wertvoll: Die Energie-Eigenkreation der Torjägerkrone 2010/11 in der 2. Bundesliga mit 25 Treffern.

Pokalsensation nach einem 3:1-Auswärtssieg beim amtierenden Deutschen Meister VfL Wolfsburg und Erfolgen gegen den SC Freiburg und die TSG Hoffenheim ganz bitter in der Runde der letzten vier. Selten habe ich solch einen Hass erlebt wie bei diesem Underdog-Duell an der Wedau mit einem Angriff auf unseren Bus und kaputter Fensterscheibe schon vor der Einfahrt ins Stadion. Nach 54 Minuten stand es 2:0 für den MSV; mein verwandelter Elfmeter und eine ausgelassene Monsterchance reichten nur noch zum 2:1-Endstand. Nix mit Olympiastadion.

# [3] Zwei Nummern zu groß

Sportlich ging es nach der zwar sorgenfreien, freudbetonten, aber letztlich nicht gänzlich gekrönten Saison 2010/11 in Cottbus nur noch um die Goldene Ananas. Meine 25 Saisontore führten nach eigens verlängertem Vertrag mit festgeschriebener Ablöse als eingeplante Einnahmequelle für den FC Energie erwartungsgemäß dazu, dass es nicht an zahlungsbereiten Interessenten mangelte. Kaum ein Tag verging, an dem nicht ein neues Gerücht aufploppte. Wird es Borussia Dortmund? Bayer Leverkusen? Oder die TSG Hoffenheim? Aus zuverlässiger Quelle weiß ich, dass nicht zuletzt Energie-Trainer Pelé Wollitz über meine plötzliche Omnipräsenz in den ortsansässigen Zeitungen inklusive Bekanntheitsgrad wenig amüsiert war. Allerdings konnte ich dafür gar nichts, kam nicht mal zu Wort und war von der medialen Aufmerksamkeit eher peinlich berührt. Die Frage »Wohin geht denn nun die Reise?« war trotzdem allgegenwärtig. Auch bei mir, logisch.

Schließlich stand der neue Club in der Bundesliga mit dem 1. FC Kaiserslautern für mich fest – bis das Angebot des FC Bayern München eintrudelte und ausnahmslos alle aus meinem Umfeld riefen: Diese Chance bekommst du nur einmal! Dessen war ich mir auch bewusst.

Allerdings hatte ich erhebliche Bauchschmerzen, meine Zusage am Betzenberg nach den sehr guten Gesprächen mit FCK-Chef Stefan Kuntz und Trainer Marco Kurz am Frankfurter Flughafen rückgängig zu machen, und noch größere Probleme damit, mir die Säbener Straße zuzutrauen. Noch heute bin ich Stefan Kuntz als damaligem Vorstandsvorsitzenden des FCK überaus dankbar, dass er Verständnis

7   Torjubel nach meinem 0:1 auf Schalke mit den Gratulanten Franck Ribéry, Toni Kroos und Bastian Schweinsteiger.

zeigte und mich sogar darin bestärkte, es beim Rekordmeister zu versuchen – eine Verhaltensweise, die alles andere als selbstverständlich ist. Er hätte durchaus Theater machen und auf unsere mündliche Absprache pochen können.

Für mich als Zweitligaspieler war diese Findungsphase extrem aufregend. Mit dem damaligen Bayern-Manager Christian Nerlinger traf ich mich in Berlin, telefonierte dort dann auch mit Trainer-Ikone Jupp Heynckes; sie gaben mir das Gefühl, mich wirklich zu wollen. Wahnsinn.

In München erhielt ich tatsächlich die Rückennummer 9, und ich versichere, das war ganz bestimmt nicht meine Idee. Gerd Müller, Roland Wohlfahrt, Jürgen Klinsmann, Giovane Élber, Luca Toni – die Crème de la Crème der Mittelstürmergarde trug dieses Trikot beim FC Bayern mit so viel Ruhm und Klasse, dass es mir von Beginn an nicht wirklich passte. Nach mir bekamen es bekanntlich zunächst Mario

Mandžukić und schließlich Robert Lewandowski, und allein daran sieht man, dass mir die 9 zwei bis drei Nummern zu groß war.

Lehrjahre sind keine Herrenjahre, das traf in der Saison 2011/12 auf den FC Bayern gleichermaßen zu wie auf mich persönlich. In jedem Training musste ich neben all den Superstars wie Franck Ribéry, Arjen Robben und Manuel Neuer an die absolute Grenze gehen, um auch nur halbwegs mitzuhalten. Der beste von allen und der vermutlich meistunterschätzte Kicker war jedoch Philipp Lahm, ein zwar ruhiger Vertreter unter den Alphatieren und eher Verteidiger als Offensivkünstler, aber seine Leistung war ausnahmslos immer – top! Ich kann mich nicht erinnern, dass er mal ein Trainingsspiel verloren hätte. Egal ob Eins gegen Eins, Sechs gegen Sechs oder Elf gegen Elf. Wie eine gut geölte Maschine spulte der spätere Weltmeister-Kapitän auf höchstem Niveau quasi fehlerlos sein Pensum herunter.

Immerhin durfte ich – ausgerechnet gegen den SC Freiburg – mein erstes Bundesligator erzielen, sammelte sogar Champions-League-Erfahrung und gehörte beim unsäglichen »Finale Dahoam« gegen den FC Chelsea zum Aufgebot. Natürlich träumt man dort vor lauter Nichtstun auf der Auswechselbank in solch einem weltweit beachteten Endspiel schon mal davon, vielleicht doch in der Verlängerung als Stürmer eingewechselt zu werden und bei einem Standard aus Versehen goldrichtig zu stehen – und so Geschichte zu schreiben mit vergleichsweise geringem Aufwand und ohne das Prädikat »Weltklasse« zu verkörpern. Tatsächlich berieten sich die Bayern-Verantwortlichen in der 118. Minute dieses denkwürdigen Spiels, ob sie mich zum Elfmeterschießen einwechseln sollten. Sie haben sich dagegen entschieden, vermutlich hätte ich anderenfalls auf dem nicht enden wollenden Weg vom Mittelkreis zum Punkt auch mehr als nur Gedächtnis und Gewicht verloren. So blieb dem bedauernswerten Bastian Schweinsteiger die zweifelhafte »Ehre« des finalen Fehlschusses. Eine Erfahrung, die niemandem zu wünschen ist. Wirklich niemandem. Ihm schon gar nicht, weil sich der Basti immer korrekt verhalten hat und stets ein Ohr für uns junge Kollegen hatte. Bei der Siegerehrung war ich dann wohl der einzige Bayern-Spieler, der sich die Silbermedaille mit Freude umhängen ließ und noch heute stolz zu Hause hat. Zweiter Sieger war diese erfolgsverwöhnte Mannschaft innerhalb weniger Wochen dreimal: Vize-Meister, Vize-Pokalsieger, Verlierer im Champions-League-Finale. Das saisonabschließende Bankett war so ziemlich die traurigste Veranstaltung, an der ich je teilgenommen habe. Für die anderen Bayern-Spieler entpuppte sich dieser dreifache »Fauxpas« rückblickend als Glücksfall. Denn im Jahr danach – ohne dass ich noch im Weg stand – holte Jupp Heynckes mit seinem extrem fokussierten Team und Schaum vor dem Mund das Triple an die Isar. Der FCB hatte aus den Fehlern gelernt und dominierte die anschließenden Jahre mit elf Meisterschalen in Serie ebenso unangefochten wie frustrierend für die übrigen Anwärter. Folglich war ich bis 2023 einer der sehr wenigen Bayern-Spieler, die nicht mindestens einen Titel geholt hatten, nicht gerade ein Ritterschlag. Die Zeit beim FC Bayern München möchte ich dennoch keineswegs missen. Sie hat mir enorm geholfen – für meinen Marktwert, für die Einordnung der eigenen Leistungsfähigkeit und die wertvolle Erfahrung, wie viel Glamour auf der ganz großen Bühne möglich ist. Und als Spieler fällt man relativ weich, wenn man vom Champions League-Finalisten kommt …

# [4] (K)ein Leben lang Grün-Weiß

Da der FC Bayern München ein titelloses Jahr nicht auf sich sitzen lassen konnte, durfte und wollte, verpflichtete mein Arbeitgeber zwei stürmende Schwergewichte für die vorderste Front. Neben Mario Gómez bewarben sich 2012/13 also auch Mario Mandžukić und Claudio Pizarro um den Abnehmerposten im Strafraum der Gewohnheitsdominierer. Es bedurfte gar nicht erst eines klärenden Perspektiv-Gesprächs mit der sportlichen Leitung, um zu wissen: Trotz Vertrages bis 2014 war nicht mehr besonders viel Platz und noch weniger Einsatzzeit für mich vorgesehen. Durchaus verständlich angesichts der internationalen Ambitionen auf allerhöchstem Niveau. Mit der nötigen Selbstreflexion ausgestattet, war für mich sonnenklar, dass ich woanders mein Glück suchen sollte und tatsächlich fand – vorerst zumindest und auf Leihbasis, denn der FCB verlängerte meinen Vertrag sogar noch einmal. Das habe ich als Kompliment verstanden.

Der SV Werder Bremen bekundete Interesse. Wow. Ein Club mit dieser unglaublichen Historie und Strahlkraft, ein Sympathiemagnet im deutschen Fußball. Im April gab es das erste Gespräch mit den Werder-Ikonen Thomas Schaaf in Trainerfunktion und Klaus Allofs als Manager. Ich war so beeindruckt und fühlte mich geehrt angesichts dieser großartigen Persönlichkeiten am anderen Ende des Verhandlungstischs, dass ich am liebsten schon beim Betreten der Räumlichkeiten gefragt hätte: Wo soll ich unterschreiben? Das tat ich dann auch nach dem konstruktiven Austausch und merkte zum ersten Mal, wie wichtig ein gutes Gefühl neben all den harten Faktoren wie Geld, Liga und Tabellenplatz ist. Bremen wollte mich und nicht irgendjemanden, der Bälle unfallfrei über die Linie pikt. Das hat mir sehr imponiert und das zwingend nötige Vertrauen geschenkt.

Erstmals durfte ich mich also Stammspieler in der Bundesliga nennen, an der Seite von solch spannenden Kickern wie Marko Arnautović, Eljero Elia und Papastathopoulos Sokratis. Mit dem damals 21-jährigen Kevin de Bruyne teilte ich ein Jahr lang das Zimmer. Natürlich habe ich täglich gesehen, was der alles kann und dass er seinen Weg gehen wird; aber so steil nach oben als lebende Legende bei Manchester City? Respekt, das ist wirklich abartig gut. Jedenfalls stand ich in der Saison 2012/13 in allen 34 Saisonspielen auf dem Platz und erreichte mit elf Toren und sechs Vorlagen auch eine ordentliche Quote. Sollte es Skeptiker in der anspruchsvollen und erfolgsgewohnten Werder-Fanszene gegeben haben, waren die Zweifel bereits am 2. Spieltag wie weggeblasen. Mein Treffer zum 2:0-Endstand im Nordderby gegen den Hamburger SV schadete zumindest nicht für die sofortige Akzeptanz des Neuzugangs – sogar wenn er vom roten Tuch aus München kam.

Werder passte zu mir – oder eher: ich nach Bremen, das trifft es wohl besser. Nach den ausschließlich ergebnisorientierten Bayern merkte ich mit zunehmender Dauer an der Weser, dass es noch mehr gibt als pures Erfolgskalkül. Der zumindest klischeehaft eher leicht unterkühlte Menschenschlag kam mir sehr entgegen. Ich hatte schnell das Gefühl, gemocht und akzeptiert zu werden auch ohne Titelgewinn, Torjägerkanone oder sonstige neue Trophäen in der prall gefüllten Club-Vitrine. Solche gab es nach vielen Jahren im obersten Regal des deutschen Fußballs schon eine Weile nicht mehr zu bejubeln und sollten vorerst auch nicht mehr gelingen. Andere Vereine hatten den einstigen Meisterschaftsanwärter strategisch, wirtschaftlich und sportlich überholt, die Erwartungen an Grün-Weiß jedoch blieben immens. Nicht zuletzt deshalb musste der damals dienstälteste Trainer der Bundesliga nach unglaublichen 15 Jahren am Ruder sei-

8  Derbytore gehen immer: Über zwei Buden beim 0:2 in Hamburg freuten sich auch Clemens Fritz, Sebastian Mielitz und Aleksandar Ignjovski.

nen Hut nehmen trotz des gesicherten Klassenerhalts am Saisonende. Ich war also Teil jener Mannschaft, die Thomas Schaaf auf dem Gewissen hat – eine Schande, für jeden Einzelnen von uns. Es fühlte sich ein wenig nach Königsmord an, der versehentlich geschah. Dass Anspruch und Wirklichkeit bei Werder aber längst nicht mehr in einem gesunden Verhältnis standen und der Abwärtstrend nach mehreren Spielzeiten Abstiegskampf 2021 sogar in Liga zwei mündete, rehabilitiert die damals für alle Beteiligten traurige Entscheidung keineswegs.

Immerhin erfüllte mir Werder 2013 den sehnlichen Wunsch, mich fest zu verpflichten und die Leihe vom FC Bayern somit in ein festes Engagement mit Vertrag bis 2015 umzumünzen. Dafür war ich überaus dankbar und fühlte mich in Küstennähe wirklich pudelwohl. In der Hinrunde 2013/14 gelangen mir wieder im wichtigsten Spiel des Jahres – auswärts beim HSV – beide Tore zum 2:0-Sieg, insgesamt aber nur noch sieben Saisontreffer und am Ende Platz 12 mit dem Team. Als in der Hinrunde 2014/15 nach Thomas Schaaf und Robin Dutt mit Viktor Skripnik der dritte Trainer innerhalb von 16 Monaten die Mannschaft übernahm und mir nach dem Abschlusstraining humorlos mitteilte, dass für mich am Folgetag Training statt Punktspiel stattfinden würde, war es höchste Zeit, über eine Luftveränderung nachzudenken. Das geschah nicht ohne Tränen, Verlustängste und Zweifel an der eigenen Tauglichkeit. Aber es half nichts, »Lebenslang Grün-Weiß«, wie in der Vereinshymne besungen, wurde es halt nicht. Ich ging dennoch eher widerwillig ans Telefon, als sich Christian Streich meldete, aus der Schweiz, zumindest fühlte sich der Standort Freiburg mit ihm als Trainer für mich so an. Und der SC lockte als damaliger Tabellenletzter der Bundesliga-Hinrunde auch nicht gerade als sportliche Komfortzone.

# [5] Liebe auf den zweiten Blick

Im wundervollen Harz geboren und somit ziemlich zentral in Deutschland aufgewachsen, hatte ich mit dem Wechsel nach Freiburg in der Winterpause 2014/15 die Bundesrepublik innerhalb von vier Jahren geografisch beinahe einmal komplett ausgemessen: erst der östlichste Zipfel Cottbus nahe der polnischen Grenze, dann der selbsternannte Stern des Südens in München, von dort in den hohen Norden nach Bremen und nun ziemlich weit südwestlich am Rande des Schwarzwaldes. Öfter mal was Neues und so weit weg von der Heimat wie noch nie – immerhin sportliche sechs Autostunden.

Christian Streich hatte es tatsächlich geschafft, mir die Mammutaufgabe beim Bundesliga-Schlusslicht schmackhaft zu machen. Der Start in die neue Herausforderung stotterte zunächst aber merklich. Medizincheck und Unterschrift am Tag vor Heiligabend und wenige Stunden nach dem Unentschieden des SC Freiburg zuhause gegen Hannover (2:2) verzögerten sich vermutlich wegen diverser Krisengespräche beim SC um mehrere Stunden – und damit auch mein geplanter Winterurlaub vor Dienstantritt beim neuen Arbeitgeber auf Leihbasis. Im Januar ging es dann umgehend nach Spanien ins Trainingslager. Mein Mitspieler und späterer Freund Mike Frantz glaubte unter südlicher Sonne zunächst, dass seine Mannschaft den falschen Nils eingekauft hätte. Wie bezeichnet man eigentlich das Gegenteil eines Trainingsweltmeisters? Vermutlich gibt es dafür keinen Begriff. Vielleicht setzt sich als Synonym in aller Bescheidenheit irgendwann »Petersen« durch in der Fußballbranche, denn meine regelmäßig überschaubaren

9 Der erste von 105 Treffern für den SC Freiburg am 31. Januar 2015 gegen Eintracht Frankfurt.

Leistungen bei Einheiten unter der Woche ohne Strafraumnähe kosteten mich wohl schon damals die eine oder andere Startelfnominierung.

Nachdem meine neue Mannschaft in der Vorbereitung erst den Test gegen Karlsruhe sang- und klanglos 0:5 vergeigt und dann auch gegen ein limitiertes Team aus Albanien mit 0:1 das Nachsehen hatte, waren die Vorzeichen beim Start in die Rückrunde nicht sonderlich rosig. Das erste Heimspiel 2015 gegen Eintracht Frankfurt verfolgte ich dann auch folgerichtig von der Bank aus, der 0:1-Pausenrückstand roch verdächtig nach Fortsetzung des Negativtrends. In Halbzeit zwei durfte ich dann erstmals das SC-Trikot in einem Pflichtspiel tragen und der Fußballgott war plötzlich auf wundersame Weise mein Mentor. 4:1 endete die Begegnung für Freiburg, mir gelang ein lupenreiner Hattrick. Es gibt schlechtere Einstände als Neuzugang vor heimischem Publikum. Trotz Außenbandrisses im Knie kam ich in meiner ersten Halbserie beim SC auf neun Tore in zwölf Einsätzen, eine durchaus ordentliche Quote. Mit dem vorläufigen Höhepunkt am vorletzten Spieltag: Der bereits als Meister feststehende FC Bayern München gastierte im Dreisamstadion, und mir blieb es vorbehalten, in der 89. Minute kurz nach meiner Einwechslung den Siegtreffer zum 2:1 zu erzielen. Bis heute gehört dieser Tag zu den nachhaltigsten Erinnerungen, das Video schaue ich mir regelmäßig an und bekomme stets aufs Neue Gänsehaut, vor allem wegen der komplett ausrastenden Fans. Wie dicht Freud und Leid im Fußball beieinanderliegen, erlebten alle Freiburger nur eine Woche nach der Komplett-Ekstase, denn mein letzter Saisontreffer avancierte zum traurigsten. Zum 34. Spieltag der Bundesliga 2014/15 reisten wir nach dem Heimsieg gegen die beste Mannschaft Deutschlands auf einem Nichtabstiegsplatz zum punktgleichen Kontrahenten Hannover 96. Ein Unentschieden hätte zum Klassenerhalt gereicht. Doch nach unglücklichem Eigentor stand es bereits 2:0 für den Gegner, ehe ich als Joker in der 92. Minute noch zum 2:1-Endstand verkürzen konnte. Wir waren wegen der Konkurrenz-Siege von Stuttgart und Hamburg direkt abgestiegen. Und obwohl ich für gewöhnlich nicht sonderlich nah am Wasser gebaut bin, haben wir hinterher Rotz und Wasser geheult. Allesamt.

Der Abschied aus Freiburg nach nur einem halben Jahr fiel mir sehr schwer. Mit einem Misserfolg zu gehen, nervt ohnehin, zudem hatte ich mich dort im Badischen sehr wohl gefühlt. Laut Vertrag ging es für mich in Bremen weiter, doch Werder rieb sich damals nicht gerade die Hände ob meiner vereinbarten Rückkehr. Zwar gab es lose Anfragen und Absichtserklärungen anderer Vereine, soweit ich mich erinnere auch aus Hannover; aber wirklich um mich bemüht haben sich seinerzeit nur der SC Freiburg und unzählige Menschen, die mit dem Club verbunden sind. Nahezu täglich trudelten Nachrichten von allen möglichen Trainern, Mitspielern, Mitarbeitern und sonstigen SC-Leuten ein, ich wurde fast schon angefleht zurückzukommen, um bei der Mission Wiederaufstieg zu helfen. Das hat mir zugegebenermaßen enorm geschmeichelt und imponiert, obwohl die 2. Bundesliga im besten

Fußballalter durchaus Wagnis und Rückschritt bedeutete. Mit etwas Pech hängt man dort fest und kommt nicht mehr zurück in die höchste Spielklasse, das Nonplusultra Bundesliga – als Verein und Spieler.

Obwohl schnell klar war, dass es dann tatsächlich zurück zum SC nach Freiburg geht, habe ich mir mitten in der Saisonvorbereitung noch einige Tage Urlaub ergaunert. Mein damaliger Berater bat in meinem Namen noch um ein letztes Zeitfenster Bedenkzeit, die ich nicht wirklich benötigte und an der Ostsee verbrachte. Ich war jung und brauchte ... das Meer.

Diese Entscheidung für das Herz und gegen den Verstand haben viele Menschen in und um Freiburg bis heute nie vergessen – und ich keine Sekunde bereut. Noch Jahre später bedankten sich wildfremde Leute bei mir, dass ich 2015 in Freiburg geblieben bin und der SC mit einer überragenden Truppe die sofortige Rückkehr ins Oberhaus klarmachte; innerhalb eines Jahres von zu Tode betrübt bis himmelhoch jauchzend – das gibt es wohl nur im Sport. Dabei begann es mit einem Déjà-vu: Wie schon im ersten Heimspiel im Januar 2015 gelang mir auch am ersten Spieltag der Saison 2015/16 ein Hattrick zur 3:0-Führung gegen den 1. FC Nürnberg. Okay, da waren zwei Elfmeter dabei. Aber wenn ich sie nicht verwandelt hätte, wäre die Kiste vermutlich in eine ganz andere Richtung gegangen für alle Beteiligten. Aber die Bälle zappelten im Netz und legten das Fundament dieser legendären Spielzeit aus Freiburger Sicht nebst souveräner Meisterschaft mit 72 Punkten und 75 Toren vor Mit-Aufsteiger RB Leipzig. 21 Hütten gingen auf mein Konto, Platz zwei hinter Mister 2. Bundesliga Simon Terodde, mit dem ich mich immer wieder messen konnte und zudem sehr gut verstand.

Bereits in dieser Wiedergutmachungsspielzeit zeichnete sich meine Umschulung vom Startelfkandidaten zum Einwechselspezialisten ab. Doch in dieser wundervollen Mannschaft, die zusammenhielt wie Pech und Schwefel, war das mehr als in Ordnung. Ich war Teil eines Teams, das Herzen höherschlagen ließ – nicht zuletzt mein eigenes.

Letzteres wiederum hatte einen emotionalen und wunderschönen Grund, der so gar nichts mit Fußball zu tun und am Hut hatte. Denn dort in Freiburg fand ich sie, meine große Liebe. Auch ihretwegen habe ich seitdem nie ernsthaft einen nochmaligen Vereinswechsel in Betracht gezogen.

# [6] Endgültige Ankunft

Ich hatte mich also entschieden und auf meine innere Stimme gehört, auf mein Gefühl. Der Schritt mit dem SC Freiburg in die 2. Bundesliga im Sommer 2015 war eine ganz bewusste Entscheidung und resultierte nicht aus Mangel an Alternativen. Ich mochte die Stadt, den Club, die Gegend, das Wetter, die Mentalität der Leute. Folglich war ich unterbewusst womöglich bereit, auf meiner fünften Station Profifußball endgültig anzukommen und mich niederzulassen, nicht nur sportlich, sondern auch privat. Das wiederum wurde mir erst mit einiger Verzögerung klar. Hinterher ist man schließlich immer wahnsinnig schlau.

Zumindest kann es kein Zufall gewesen sein, sondern eher Synchronizität der Ereignisse, dass ich alsbald nach fester Verpflichtung im Breisgau eine feste Freundin hatte: Carla – kennengelernt ganz klassisch in der Diskothek. Dort sah ich sie live zum ersten Mal, denn bereits zuvor hatte ich sie in den sozialen Medien entdeckt – wie das heutzutage halt so läuft. Mit meiner schon immer tief verwurzelten Schüchternheit starrte ich dann jedoch lieber auf den Boden als in ihre Richtung, als ich hörte, sie sei vor Ort. Lieber hätte ich einen Elfmeter vor 50 000 Zuschauern beim Stand von 0:0 in der letzten Minute geschossen, als sie anzusprechen.

Schließlich bekam ich ihre Telefonnummer, und die Dinge nahmen ihren rasanten Lauf. Dass sie mich beim ersten Date fragte, was ich neben dem bisschen Fußballspielen als »Toreschießer« denn hauptberuflich so treibe, war eher Brandbeschleuniger als Abschreckung. Ein Groupie auf der Suche nach einem Etepetete-Leben als Fußballerbraut war sie jedenfalls nicht, als gebürtige Freiburgerin allerdings bis dato auch nicht gerade SC-daumendrückender Dauergast auf der Tribüne. Ein einziges Mal war meine Zukünftige zuvor im altehrwürdigen Dreisamstadion gewesen, just bei meinem ersten Spiel zufällig im Trikot mit einem »Sag ja!«-Schriftzug auf der Brust, als mir gegen Frankfurt drei Treffer gelangen. Also hatte sie zumindest meinen Namen wohl schon mal gehört, denn schließlich wurde er mehrfach vom Stadionsprecher erwähnt an jenem Februarnachmittag.

Was mich am meisten überraschte und ich zunächst gar nicht wahrhaben wollte: Carla sah in mir tatsächlich nicht den einigermaßen erfolgreichen Fußballer Nils, sondern wirklich den Jungen von nebenan. Ich wollte ihr meine Welt zu Füßen legen, besorgte VIP-Karten und gern auch sonstige Seltenheitswerte aus dem SC-Fundus, wonach sich jeder Fan verzehrt hätte – sie interessierte das alles zunächst nicht die Bohne. Die Betonung liegt auf zunächst. Denn inzwischen kennt sie sich mitunter besser im Fußball aus als ich, reist schon mal zu Auswärtsspielen mit und pflegt intensiven Kontakt zu den Partnerinnen meiner Mitspieler, weil sie an meinem Leben teilhaben möchte und einfach aufmerksam ist. Überragend.

Carla tat mir einfach gut wenige Monate nach der einvernehmlichen Trennung von meiner Jugendliebe. Sie arbeitet gern in ihrem juristischen Beruf und geht darin auf, hat dadurch einen geregelten Tagesablauf, legt Wert auf pünktliche Nachtruhe wegen des morgendlichen Weckers vor dem ersten Hahnenschrei. Beinahe zwangsläufig gestaltete sich auch mein Alltag strukturierter, professioneller mit regelmäßigerer Ernährung und ausreichend Schlaf. Zu allem Überfluss ist Carla auch noch sehr sportlich und bestens vernetzt im breit aufgestellten Freundeskreis, so dass ich viele Leute ohne Fußballbezug kennenlernte und völlig neue Horizonte entdeckte. Genau solch eine Traumfrau hatte ich mir gewünscht, die eigene Interessen verfolgt, nicht Nägel lackierend auf meine Rückkehr vom Training wartet und mich anschließend durch die Boutiquen der nächstgrößeren City zerrt. Sie hat mich in ihr Leben

10 Zu schön, um wahr zu sein. Mit Carla im Europapark-Stadion.

integriert, nicht umgekehrt. Kein Wunder also, dass ich nach angemessener Testphase mit dem Prädikat »sehr gut« kein Risiko mehr eingehen wollte und besagte Dame nach einer coronabedingten Ehrenrunde nebst verschobener Feier im Juni 2021 zum Traualtar führte – in der Gewissheit: Für immer Carla, für immer Freiburg. Der gemeinsame Lebensmittelpunkt vor den Toren der Stadt mündete schließlich in unserem schönen Haus im Dreisamtal.

Profifußballer kommen im Laufe ihrer aktiven Karriere fast schon zwangsläufig viel rum. Wechseln Trikots und Stationen nicht selten im Zweijahres-Rhythmus und wissen deshalb aus erster Hand: Wohlfühlen ist immer ganz eng mit Menschen verbunden. Weniger mit Clubs, Stadien oder Orten. Vereine der Bundesliga blicken fast ausnahmslos auf eine bewegte und nicht selten ruhmreiche Historie zurück, sind oft von Mythen umrankt und gehören zum Nonplusultra ganzer Generationen. Mit Leben gefüllt wird ein Club, eine Stadt aber dennoch erst von Menschen im täglichen Umgang. Praxis schlägt Theorie. Was nützt die modernste Kabine, wenn nur Unsympathen darinsitzen? Oder die schönsten Biergärten, wenn man solo darin Platz nimmt? Ganz zu schweigen von den herrlichsten Ausflugszielen in unmittelbarer Nähe für freie Tage, wenn man den fabelhaften Ausblick nicht mit jemandem teilen kann? Oder die coolste Wohnung, in der man einsam ist? Da ich noch nie besonders gut als Einzelschicksal am Start war und auch das Singleleben nicht mein Favorit ist, waren Freiburg und Carla meine ganz persönlichen Erfolgsgaranten, denn Stadt und Frau empfingen mich mit offenen Armen und nahmen mich so, wie ich bin – als Fußballer, der vor allem Mensch sein will.

# [7] Volksheld wider Willen

Die Nachricht ereilte mich unverhofft und verspätet aufgrund der Zeitverschiebung im USA-Urlaub. Im Yosemite Nationalpark schlich ich morgens um 6 Uhr heimlich aus dem Zimmer, denn ich hatte zuvor Anrufe meines Trainers Christian Streich und anderer, mir unbekannter Nummern, verpasst. Legende Horst Hrubesch höchstpersönlich wollte mich beim Olympischen Fußballturnier 2016 in Rio in Schwarz-Rot-Gold sehen, als einen von drei erlaubten Ü23-Spielern und erwachsenen Eckpfeiler eines ansonsten eher talentierten denn abgezockten Teams. Der Entschluss stand nach zwei Telefonaten mit Hansi Flick als damaligem Begleiter des Olympia-Teams fest: Ja, ich will! Mit dem Auswahltrainer und Chef de Mission Horst Hrubesch hatte ich vor Turnierbeginn in Südamerika kein einziges Wort gesprochen.

Die Berufung kam für mich mehr als überraschend angesichts der Vielzahl deutscher Top-Spieler, die für eine solche Nominierung zum sportlichen Höhepunkt mit weltweiter Anziehungskraft in Frage gekommen wären. Ich war in der gerade beendeten Saison 2015/16 »nur« in der 2. Bundesliga unterwegs gewesen, mit 21 Toren für den SC Freiburg zwar durchaus treffsicher und mit Aufstiegsmeriten dekoriert, aber eben nicht international gestählt. Deshalb war das wohl eine Aus-Wahl, die vorherzusagen beim Wetten vermutlich hohe Gewinne erzielt hätte und selbst Experten verblüffte. Neben den Bender-Zwillingen Lars und Sven durfte ich also mit schlappen 27 Lenzen als Routinier nach Brasilien mitfahren und erfüllte mir mit der Teilnahme an den Olympischen Sommerspielen unter dem Zuckerhut einen Kindheitstraum.

Da das Turnier erst kurz vor dem Start der neuen Spielzeit 2016/17 endete und somit klar war, dass die Olympia-Aktiven zumindest die strapaziöse Vorbereitung und die erste DFB-Pokalrunde verpassen würden, war mein Freiburger Trainer nicht gerade amüsiert über meine Berufung. Aber er respektierte meinen sehnlichen Wunsch, diese Einladung unbedingt anzunehmen, koste es, was es wolle – zum Beispiel den Stammplatz im Verein. Auf mein Dauergrinsen bis zur ersehnten Abreise nach Südamerika hatte diese Befürchtung allerdings keinerlei Einfluss.

Mehr schlecht als recht wurschtelte sich unsere junge Truppe in Rio durch die Vorrunde mit fünf Punkten aus drei Spielen hinter dem Gruppenersten Südkorea. Unsere Motivation bestand vor allem darin, möglichst viele Läufe zur Grundlagenausdauer in der Saisonvorbereitung der heimischen Clubs zu verpassen und eine tolle Zeit zu erleben. Zwischendurch hatten wir größere Angst vor dem grassierenden Zikavirus als vor einem vorzeitigen Ausscheiden. Erst ein Last-Minute-Treffer von Serge Gnabry zum 3:3-Remis gegen die Südkoreaner hielt uns im Turnier, bevor ich gegen die Fidschi-Inseln beim 10:0 die Hälfte aller deutschen Tore beisteuern durfte. Anschließend traf ich den Chef höchstpersönlich im Fahrstuhl, aber statt des erwarteten Lobes erhielt ich den lapidaren Kommentar vom einstigen Weltklassestürmer: »Gegen den Kontrahenten hätte ich auch fünf Buden gemacht.« So war er halt, der Horst Hrubesch, immer für einen Spruch zu haben und mit so viel Format und Aura ausgestattet, dass er ohnehin alles sagen durfte. Wir glaubten und folgten ihm einfach, und er hielt uns in den sensationellen drei Wochen der Turnierteilnahme eher an der langen als zu kurzen Leine. In unseren Zimmern war stets die erste Amtshandlung, die Rauchmelder zu überkleben, schließlich hatten wir wenig Lust auf Alarm beim Shisha-Qualmen. Nach dem souveränen 4:0 gegen Portugal im Viertel- und dem 2:0 gegen Nigeria im Halbfinale mit meinem Tor kurz vor Schluss zur Beendigung der Zittereinlage durften wir als Team dann sogar mal raus auf die Straße.

11 Verschworene Zimmer-Truppe in Rio: Philipp Max, Jannik Huth, Grischa Prömel, Matthias Ginter, Lukas Klostermann und meine Wenigkeit.

Die Stimmung an der Promenade war einzigartig und ließ in etwa erahnen, was beim traditionellen Karneval in Rio an der Copacabana abgehen musste. Um Mitternacht war befohlene Deadline für uns. Doch als wir eine Stunde nach Zapfenstreich unsere Offiziellen mit vollem Tablett erspähten, war allen klar: Ganz so eng sieht das dort niemand; angesteckt vom südamerikanischen Lebensgefühl vermutlich.

Vor dem Finale hausten wir zu sechst in einer Bude, in irgendeinem Wohnzimmer von etwa 15 Quadratmetern fand auch unsere Teambesprechung statt. Wir waren als Truppe nicht nur räumlich eng zusammengerückt, auch sinnbildlich. Der Endspiel-Gegner hatte Heimvorteil und hieß: Brasilien. Für die Jungs in Blau-Gelb war dieses Endspiel weit mehr als nur eine Partie um olympisches Edelmetall. Zwei Jahre nach dem kollektiven Trauma der Heim-WM 2014 musste die Schmach eines ganzen Landes getilgt werden, auf Teufel komm raus. Gegen Deutschland! Das Finale um Gold sollte also die Revanche für die deftigste Niederlage der brasilianischen Fußballhistorie auf heimischem Grund und Boden sein, als Toni Kroos & Co. im denkwürdigen Halbfinale von Belo Horizonte 7:1 über die Brasilianer hinweggefegt waren. Im altehrwürdigen Maracanã-Stadion, wo Edson Arantes do Nascimento alias Pelé als größter Kicker aller Zeiten sein 1000. Pflichtspieltor erzielt hatte und sein Geist noch durch die Katakomben wabert, stieg dann am 20. August 2016 die Hitzeschlacht um die nationale Ehre – zumindest aus Sicht der Seleção. Das 1:1 nach 120 Minuten bedeutete: Elfmeterschießen. Und nachdem zuvor hüben wie drüben alle getroffen hatten, schlurfte ich als fünfter und letzter Schütze der deutschen Mannschaft vor 64 000 patriotischen brasilianischen Fans im weiten Rund zum Tatort. Nicht sonderlich erfolgreich, denn mein Fehlschuss öffnete dem Kontrahenten die Tür für den goldenen Treffer, und Neymar höchstselbst ließ sich diese Steilvorlage auf dem Weg zu ewigem Ruhm nicht nehmen. Für uns blieb die Silbermedaille als Trost. Nach der Mitschuld an der Demission von Thomas Schaaf bei Werder verdarb ich ausgerecht auch noch Hotte Hrubesch die Krönung seiner Übungsleiterlaufbahn im letzten Spiel in seiner Verantwortung. Die Hymne zum Abschluss hätte ich ihm von Herzen gegönnt. Aber mehr als schämen und entschuldigen konnte ich mich beim besten Willen nicht. Das schlechte Gewissen machten auch sechs Turniertore und die damit verbundene Torjägerkrone nicht wett. Bei der anschließenden Feier im Deutschen Haus kam Niklas Süle zu mir und dachte wohl humorvolle Worte finden zu müssen: »Jetzt kennt dich ganz Deutschland«, was aber eher ein unbeabsichtigter Schlag in die Magengrube war. Mit etwas Abstand betrachtet, war ich gar nicht so traurig darüber, dass ich den Schwarzen Peter(sen) gezogen hatte. In meinem bereits fortgeschrittenen Alter konnte ich den Flop vom Elfmeterpunkt gut einordnen; womöglich hätte einer unserer jüngeren Mitstreiter deutlich länger daran zu knabbern gehabt. Und wirklich böse war mir niemand im Team. Die Silberfeier war jedenfalls eine der fröhlichsten meiner Laufbahn, und nach Rückkehr nach Deutschland war der Abschied von dieser zusammengewürfelten, aber so genialen Truppe mit maximaler Wehmut verbunden.

Wie groß die Erleichterung der gastgebenden Brasilianer über diese wichtigste aller olympischen Medaillen war, erfuhr ich erst später, dafür aber sozusagen am eigenen Leib und über meine Social Media-Kanäle mit etlichen Tausend neuen Followern aus Südamerika. Da ich den entscheidenden Elfmeter verschossen und den Sieg der Seleção aus deren Sicht damit überhaupt erst ermöglicht hatte, wurde ich wie ein Volksheld gefeiert, leider nicht in meiner Heimat und wider Willen, aber immerhin. Einladungen zum Urlaub mit freier Kost und Logis erreichten mich ebenso wie unzählige Dankesworte auf Portugiesisch. Vermutlich hätten die freudetrunkenen Fußballbesessenen mir auch ein Grundstück samt Haus in Rio oder São Paulo überlassen, wenn ich nur höflich gefragt hätte. Ich hatte ungewollt eine ganze Nation glücklich gemacht, zumindest für einen kurzen Moment. Das gelingt wohl nicht allzu vielen und wird mir als emotionale Erinnerung immer bleiben – mit einem lachenden und einem weinenden Auge.

Und da wir schon beim Thema Olympisches Fußballturnier sind: Die Flut von Absagen nominierter Spieler für die deutsche Mannschaft vor dem Olympia-Turnier 2021 in Tokio habe ich nicht so recht verstanden. Ich fand es einfach nur schade. Für keine Siegprämie der Welt möchte ich die Erfahrung von 2016 missen, das Leben im Olympischen Dorf hautnah erlebt zu haben und Teil der versammelten Sportelite auf engstem Raum gewesen zu sein. Die übliche Kohle für Olympiasieger gab es für uns dann doch noch, trotz Finalniederlage und Silber. Reinhard Grindel als damaliger DFB-Präsident hatte uns mit dieser noblen Geste noch in der Kabine versucht aufzumuntern, was ihm so halb gelungen ist, nicht wegen des Geldes, sondern weil wir der verpassten Goldmedaille nachtrauerten.

Auch das häufig vorgebrachte Argument, die sportliche Herausforderung des Turniers sei allzu überschaubar, gehört ins Reich der Fabel. Allein die Qualität unseres Kaders mit späteren Superstars wie

Serge Gnabry, Leon Goretzka und Niklas Süle sowie Neymar und Rafinha auf der Endspiel-Gegenseite sagt einiges darüber aus, wie hoch die Trauben bei einem solchen Turnier hängen. Fallobst ist das jedenfalls nicht, und jeder Berufene sollte stolz darauf sein, einmal als Aktiver am größten Sportereignis des Planeten teilnehmen zu dürfen. Ich jedenfalls war und bin es noch heute – trotz schuld an Silber.

# [8] Medialer Grand Slam

Über mangelnde mediale Aufmerksamkeit brauchte sich in den zurückliegenden 16 Jahren weder der deutsche Fußball ganz allgemein noch ich mich im Speziellen zu beklagen. Eher im Gegenteil. Im Laufe der Karriere habe ich sogar den Grand Slam mit namentlicher Nennung in *Sportschau, Elf Freunde, Kicker, Sport-Bild, Spiegel, Süddeutsche Zeitung, Zeiglers wunderbare Welt des Fußballs* und *Phrasenmäher* der *Bild*-Zeitung eingetütet. Andere Medien mögen mir verzeihen, wenn ich sie nicht explizit erwähne, zu selbstverständlich sind für mich als aufmerksamer Beobachter und zahlender Abonnent *Badische Zeitung, Weser Kurier* oder *Lausitzer Rundschau* stets gewesen.

In aller Regel empfand ich die Begleitung durch Presse, Funk und Fernsehen durchaus fair und zumeist angenehm, zumal ich großen Respekt und maximales Verständnis für die schreibende Zunft aufbringe. Nicht zuletzt die regionalen Ausgaben sind seit langem darum bemüht, vom ortsansässigen Vorzeigeclub nahezu täglich zu berichten. Selbst an Tagen ohne Spiel, Training, Verletzung oder Verpflichtung. Da ist Kreativität gefragt, denn irgendwann ist ja jedes Thema ausgeleuchtet, und trotzdem soll etwas Vernünftiges für den lokalpatriotischen Fan im Blatt zu finden sein. Nicht zu beneiden, die Kolleginnen und Kollegen Journalisten. Ich wäre mit meinem Portfolio an Wissenswertem längst am Ende gewesen.

Vermutlich ist die Entwicklung vor allem deshalb eine eher bedenkliche. Einstmals seriöse Tageszeitungen haben klassische Boulevard-Blätter mitunter schnurstracks überholt beim stetigen Kampf um immer neue Schlagzeilen oder pikante Details aus dem Privatleben von uns Profis. Zudem nimmt das Tempo beim Geifern nach Klickzahlen und Reichweite ungesunde Ausmaße an. Jeder Volontär im ersten Halbjahr kann heute mit dem Handyfoto vom Spielerparkplatz irgendeinen Schnappschuss viral verbreiten; in zahlreichen Blogs tummeln sich Unmengen an Hobby-Journalisten, und die Qualität von eingereichten Interviewfragen ist ... auch nicht mehr das, was sie mal war. Der Standort Freiburg bildet auch diesbezüglich eine inzwischen seltene Ausnahme und avancierte bereits vor vielen Jahren zur medialen Wohlfühloase, weil ein Interesse an Pseudo-Skandalen nach dem Motto »bad news is good news« beim SC nie spürbar war.

Apropos Interviews: Ich habe viele gegeben, allerdings nie besonders gern. Denn aus meiner Erfahrung bleiben aus diversen und manchmal sogar umfangreichen Aussagen in gewissem Kontext letztlich Wortfetzen übrig, die möglichst reißerisch in eine Überschrift gepresst werden. Exakt darauf wird dann gern die Weiterverbreitung beschränkt. Wenn die Nachricht vom Pressesprecher aufploppte, dass ich doch bitte Reporter X oder Y anrufen möge, um mit ihm 20 Minuten über das nächste Spiel zu plaudern, habe ich selten vor lauter Glücksgefühl eine Polonaise angezettelt. Interviews gehören zum Job, aber ich sah in ihnen meist etwas Bedrohliches, was in aller Regel unbegründet war. Das mag mit meiner Zurückhaltung zu manch brisantem Thema zusammenhängen. Für die Journalisten und einige wenige Konsumenten sind die Zeilen möglicherweise von Interesse, aber ich habe in den vergangenen Jahren selbst nie eines meiner Interviews nochmals gelesen. Wenn die Pressestelle die Zitate autorisiert hatte, fühlte ich mich auf der sicheren Seite – das genügte mir. Vermutlich ist auch das Vertrauen zu mir als Interviewpartner, aber auch umgekehrt meines zur schreibenden Zunft mit jedem halbwegs ordentlichen Austausch gewachsen.

Eine witzige Anekdote kann ich aber noch zum Besten geben: Vor meinem Start beim FC Bayern München bat mich mein damaliger Berater Lars-Wilhelm Baumgarten um absolutes Stillschweigen: Keine

12 Routine? Von wegen. Meine erste und einzige Pressekonferenz bei der National-mannschaft am 25. Mai 2018 in Eppan (Südtirol).

Pressetermine, keine Statements. Das war mir sehr recht, vor allem wegen meines Bammels vor der gewaltigen Aufgabe. Große Reden zu schwingen vor dem ersten Training, Spiel oder gar Tor, war ganz sicher nicht in meinem Sinn. Zwei Tage vor der ersten Trainingseinheit rief eben jener Berater dann jedoch an und sagte nur: »Setz dich lieber hin! Dein Vater hat ein Interview gegeben. Kernbotschaft: Mein Sohn muss sich nicht vor Mario Gómez verstecken.« Genau mein Humor. Schließlich war Mario damals nicht nur Nationalspieler, sondern auch amtierender Torschützenkönig der Bundesliga 2010/11 mit 28 Buden, und ich kam aus der 2. Liga. Am liebsten hätte ich damals mein Girokonto spontan aufgelöst und die gesamte Auflage besagter Zeitungen rund um die Säbener Straße sowie im Großraum München aufgekauft, nur damit diese Pseudo-Kampfansage mit riesigen Lettern in der Überschrift niemand liest. Aber ich musste mich der Situation stellen und hoffte einfach nur, dass mir Mario Gómez die Zeilen meines Vaters nicht verübelte. Ich hatte ohnehin mehr Respekt als Sportzeug in meinem Rucksack beim ersten Besuch in der Bayern-Kabine. Mit diesem Interview wurde der keineswegs leichter.

Klar ist: Ohne die immense Aufmerksamkeit der wissbegierigen Medien jeder Couleur wäre das Interesse an der Bundesliga nicht derartig explodiert, die Sponsoren nicht so zahlungswillig und diverse

TV-Sender nicht bereit, dafür Millionensummen hinzublättern. Eine Entwicklung also, die vor allem auch uns Aktive profitieren lässt – und in der dennoch nicht alles Friede, Freude, Eierkuchen zu sein scheint.

Wie groß war 2009 der Schock, als Nationaltorhüter Robert Enke Suizid beging, und wie gewaltig der entsetzte Aufschrei nicht zuletzt in den Medien. Branchenübergreifend waren sich ausnahmsweise alle einig, und es wurde wochenlang diskutiert: Mit Personen des öffentlichen Lebens, auch mit Fußballern müssten die Medien behutsamer und sensibler umgehen. Der Druck dürfe nicht zu groß werden, sonst zerbrechen die Sportler daran, es sind ja schließlich auch nur Menschen. Ich kann mich sehr gut daran erinnern, denn Robert Enke ist nur knapp zehn Jahre älter und besuchte die gleiche Sportschule in Jena wie ich einige Jahrgänge später. Wie lange hielten Zurückhaltung, Behutsamkeit und Rücksichtnahme danach an? Drei Wochen? Zwei Monate? Keine Ahnung. Inzwischen ist jedenfalls schon längst wieder Alltag eingekehrt mit den vermutlich bewusst in Kauf genommenen Über- oder Untertreibungen. Hauptsache Schlagzeile, Polarisierung, Diskussionsstoff. Das allerdings nimmt nach meiner Beobachtung als fußballerischer Alles-Konsument bedenkliche Ausmaße an, nicht zuletzt dank der schlimmsten aller Medien – nämlich den sogenannten »Sozialen«. Dort werden oft genug von Plattformen mit erheblicher Reichweite Zitate gepusht, die dem Statementgeber zahlreiche Hass-Kommentare bescheren. Das ist auch der Grund dafür, warum 99 Prozent der Fußballer in der Öffentlichkeit nur noch mit der Hand vor dem Mund sprechen. Ein falscher Satz aus der Emotion und man verliert unfassbar viele Sympathien, oder gar das Gesicht, wenn es dumm läuft. Aus diesem Grund habe ich die Angewohnheit, Kommentare bei Instagram, Facebook & Co. nicht allzu persönlich zu nehmen. Wenn man die Öffentlichkeit, wie ich es selbst auch handhabe, durch diese Medien an seinem Leben teilhaben lässt, muss man auch mit Gegenwind rechnen und ihn aushalten! Da darf dann nicht geheult werden, wenn »fussballjunkie24690« ehrabschneidend über meine Mutter spricht oder irgendein User eine Drohnachricht schickt, weil vermeintlich meinetwegen sein Tippschein floppte. Alles erlebt. Als Influencer bin ich aber zum Glück sowieso eher ungeeignet, dazu fehlen mir Geduld und Kreativität, vielleicht auch der Hang zur Selbstinszenierung. Ich wüsste nämlich gar nicht, welche Neuigkeit aus meinem weitgehend unspektakulären und auch tattoofreien Alltag irgendwen interessieren könnte. Außerdem kann ich kaum um das Respektieren der Privatsphäre bitten und gleichzeitig mein Haus, mein Auto, mein Tretboot stolz aller Welt vorführen. Das wäre inkonsequent.

Auch bei Instagram und Facebook gilt nämlich mein Mantra: Sei authentisch. Wer sich seinen Followern mit goldenem Steak, im Privatjet auf dem Weg nach Paris oder Backstage beim Helene-Fischer-Konzert präsentieren möchte – bitte sehr, nichts dagegen. Im besten Fall sollte dann auch die Leistung glamourös sein. Vielleicht bin ich deshalb so unregelmäßig mit Posts am Start. Jedenfalls bin ich gespannt, wie viele der fast 300 000 User auf meinen beiden Seiten auf Facebook und Instagram nach getaner Arbeit als aktiver Profi noch übrigbleiben.

Eher amüsant als ärgerlich finde ich inzwischen den absoluten Klassiker in der Sportberichterstattung: die Benotung oder auch Einzelkritik. Anfangs konnte ich kaum erwarten, nach Spielen meine Schulnote zu lesen, um zu erfahren, ob meine Leistung gut, befriedigend oder ungenügend bewertet wurde. Da hatte ich mitunter wie eine Kartoffel gespielt, und irgendein »Experte« zensierte mich mit 2,5. Das hat anfangs tatsächlich etwas mit mir gemacht. Es hat mich beruhigt, obwohl ich wusste, dass meine Leistung unterirdisch war. Doch das lässt mit zunehmender Erfahrung deutlich nach. Denn die guten, alten Noten sind nichts als Spielerei, Stammtischgeplänkel, Diskussionsstoff. Meine Durchschnittszensur aller Bundesliga-Jahre lag beim *Kicker* bei 3,6 – also aufgerundet einer 4. Die allermeisten der schreibenden Zunft haben selbst nie professionell gegen den Ball getreten, sind auch nicht in den Spielbesprechungen dabei, kennen die Aufgaben auf einzelnen

Positionen demnach nicht und sollen aber trotzdem elf oder gar zweiundzwanzig Akteure benoten. Ich würde mir das ehrlicherweise nicht zutrauen. Mir hat einmal ein namentlich bekannter Redakteur anvertraut: Wenn das Spiel angepfiffen wird, haben alle Protagonisten auf dem Rasen erstmal eine 3 im Notenbuch zu stehen. Das ist die Ausgangslage, da ist noch kein Ball gerollt. Je nach Verlauf, Fehlpass, Endergebnis oder Scorerpunkt usw. verbessert oder verschlechtert sich die Note sukzessive. Verstanden habe ich das noch nie. Ein Torhüter, der zu null spielt und nicht serienweise Abstöße ins Aus bugsiert, müsste doch mindestens mit gut, also 2, wenn nicht gar mit einer 1, weil fehlerfrei, bewertet werden. Mitnichten, meinte der Fachmann; der Keeper müsse schon zwei, drei herausragende Rettungstaten zeigen, um die Bestnote zu erhalten. Und wenn gar keine Schüsse mit Glanzparadenpotential aufs Tor kommen – wofür er nichts kann? Trotzdem. Aha. Das ist so, als würde man bei der Mathearbeit mit ausnahmslos richtigen Lösungen auch nur mit 2 oder 3 bewertet, also nicht mit der Bestnote, weil die Aufgaben vielleicht nicht schwer genug waren. Seltsam.

Vermutlich sind sich die wöchentlichen Notengeber ihrer Verantwortung nicht immer so recht bewusst. Die Einzel- wird zur Durchschnittszensur, und die wiederum hat Einfluss auf Rangliste, Marktwert und Wahrnehmung bei den Fans und in den Social Media-Kommentaren, auf das Selbstvertrauen des Benoteten und wirkt sich somit wahrscheinlich auf die künftige Leistung aus. Aber das darf natürlich keine Rolle spielen. Bundesligaprofis bekommen für gedruckte Schelte schließlich Schmerzensgeld, und das nicht zu knapp. Kann man als Spieler deshalb alles herunterschlucken, cool an sich abperlen lassen? Oder macht das etwas mit vornehmlich jungen Menschen, von denen Unbekümmertheit und freche Spielweise erhofft wird?

So manches Mal habe ich überlegt, ob man den Spieß nicht einfach mal umdrehen sollte – nur als Experiment und theoretisch. Ich gehe also beispielsweise in die Zeitungsredaktion und benote einzelne Artikel und somit ihre Verfasser. Natürlich bin ich ebenso wenig geschulter

Journalist wie ein Redakteur ausgebildeter Fußballer ist. Die Schreiberlinge beziehen ihre Fachkompetenz aus jahrelangem Zuschauen. Gut, ich lese auch Zeitung, seit ich denken kann, mein Urteilsvermögen sollte also zur Bewertung von journalistischen Texten ausreichen, je nachdem, ob sie mir zusagen oder eher nicht. Dann gibt es halt eine 4,5 ohne Begründung oder gar eine 6 bei komplettem Missfallen des Beitrags. Und wenn wir schon mal beim Thema sind, dann empfehle ich dem Chefredakteur öffentlichkeitswirksam, auf dem journalistischen Transfermarkt tätig zu werden und anstelle seiner aktuellen Mitarbeiter Müller, Meier oder Schulze lieber vermeintlich bessere Fachleute zu holen von der Konkurrenz; die jetzigen sind nämlich Fehleinkäufe oder Mitläufer oder Ergänzungsspieler und somit auf Strecke nicht gut genug für die Ambitionen des Verlags. Das gehört sich wohl nicht? Findet im Fußball aber statt, und zwar regelmäßig. Abwertende Bezeichnungen wie »Depp« oder »Versager« sind in der Fußballberichterstattung nicht einmal selten, in jeder anderen Branche jedoch verpönt, denn sie setzen den Betroffenen herab. Gleiches gilt für wiederkehrende Superlative wie »dümmstes Eigentor«, »schlechteste Mannschaft«, »beschämendster Auftritt« und allerlei andere Diffamierungen. Vermutlich wird nirgends so herabwürdigend über Menschen und die Ausübung ihrer Tätigkeit geschrieben und gesprochen wie im Fußball. Nicht einmal in der Politik.

Kurzum: Wer wissen möchte, ob die eigene Leistung in Ordnung war, sollte sich nicht an der Zeitungsnote orientieren, sondern im Idealfall den Trainer fragen. Der wird das in jedem Fall besser einschätzen können.

Eine Entwicklung, die ich ebenfalls kritisch sehe: Damit ich auf dem Laufenden blieb und auch meine Familie alle unsere Spiele sehen konnte, mussten sämtliche TV-Abos her. Tagtäglich läuft Fußball, auf vielen unterschiedlichen Kanälen. Nicht falsch verstehen – ich liebe den Sport. Aber muss er denn ständig und überall verfügbar sein? Müssen jetzt Weltmeisterschaften alle zwei Jahre ausgetragen werden, Nationenvergleiche auf Freundschaftsspielbasis im Juni stattfinden und TV-Rechte an Streamingdienste dezentral vergeben werden? Diese ungebremste Flut sorgt dafür, dass eine spürbare Sättigung beim Publikum eintritt, zumindest bei mir. Zwar freue ich mich auf Welt- und Europameisterschaften oder Olympische Spiele, auf die Champions League und Bundesligakonferenzen. Es gibt für mich wenig Schöneres – meine Frau wird mir das hoffentlich verzeihen. Aber der Ottonormalverbraucher dreht doch durch bei den Abo-Preisen. Die Fans müssen bei jeder neuen Rechtevergabe erfahren, dass es ausschließlich um eins geht: Cash.

Zum Abschluss dieses Kapitels noch ein gut gemeinter Rat an meine Zunftkollegen – gewissermaßen als Geste der Versöhnung mit den Medienvertretern in nah und fern: Spieler, Trainer und sonstige Protagonisten aus der Fußballwelt sollten Medien- und Pressearbeit stets als Chance und Anerkennung betrachten, nicht als notwendiges Übel. Nur wer im Fokus des öffentlichen Interesses steht und etwas zu erzählen hat, am besten aufgrund von erbrachten Leistungen, ist überhaupt gefragt. Insofern darf man Interview- und Story-Anfragen meist als eine Form der Wertschätzung und Bestätigung einordnen, sie sind kein lästiges Beiwerk. Das als Tipp eines Grand Slam-Vertreters auf der Zielgeraden des medialen Interesses.

# [9] Technik, die begeistert

Na, heute schon ausreichend supplementiert? Wo früher das Schokocroissant von der Tankstelle als Energielieferant herhalten musste, sind es heute Omega3, Lactoferrin oder Aminosäuren. Es geht mittlerweile im modernen Fußball darum, bei jedem einzelnen Profi die letzten Leistungsprozentstellen hinter dem Komma herauszukitzeln, weil die Körper der Spieler bekanntlich das Kapital der Clubs sind – und der Profis selbst natürlich. Spieler tun inzwischen beinahe alles dafür, ihren Body in den optimalen Zustand zu versetzen, um möglichst lange in diesem Business mithalten zu können. Dabei wird nichts unversucht gelassen. Der Kabinentrakt von Erstligisten, aber auch die meisten Küchenschubladen von Bundesligakickern gleichen inzwischen einem wissenschaftlichen Labor.

Auch oder vor allem in diesem Segment ist die fußballerische Entwicklung atemberaubend und fast schon beängstigend fortschrittlich. Nach meinem Wechsel zum FC Energie Cottbus reisten wir ins Lauftrainingslager in Rotenburg an der Wümme. Bälle, Fußballschuhe und WLAN standen dort nicht im Mittelpunkt – ein mehrtägiger Aufenthalt also mit überschaubarem Spaßfaktor und dazu ganz ohne Messgeräte. Fünf Tage lang hasteten wir Spieler Berge hinauf, gern auch mal mit einem Kollegen Huckepack – Training der Grundlagenausdauer halt –, bis an die Schmerzgrenzen und gelegentlich darüber hinaus. Die Laktatbildung wurde nicht durch tägliche Blutabnahme ermittelt, sondern als unglaublicher Muskelkater gefühlt. Ähnlich erging es mir später bei Werder Bremen während der gefürchteten Aufenthalte in

Norderney, wo wir die Deiche entlanghetzten. Und wenn dennoch Fragen oder Zweifel an der allgemeinen Kondition blieben, tat es auch der gute, alte Cooper-Test: 3200 Meter in 12 Minuten – Minimum. Einige spulten 3600 Meter ab, das sind satte neun Runden auf der Aschenbahn. Danach wusste jeder Übungsleiter auch ohne technische Erhebung: Die Jungs können marschieren. Die logisch daraus resultierende Übersäuerung der Muskulatur war eher Bestätigung für harte Arbeit als besorgniserregend. Ein Cooper-Test zu meinen Jenaer Zeiten hat sogar Spieler aus dem Kader gespült, weil sie die Mindeststrecke nicht erreicht hatten.

Mittlerweile werden Spieler häufiger und gründlicher durchgecheckt als ihre Autos. Bei vielen Clubs werden wöchentlich bereits vor Trainingsstart Blut abgenommen und der CK-Wert gemessen. Der Zauberwert heißt Creatin-Kinase und ermittelt, ob etwaige Entzündungsparameter vorliegen und daraus resultierende Verletzungen zu befürchten sind. Prophylaktische Überprüfung der Belastbarkeit also, was bestenfalls rechtzeitig alarmiert und somit vorbeugt. An digitalen Schiebereglern durfte ich zuletzt allmorgendlich zum Besten geben, wie ich mich fühlte, wie es mit dem Appetit ausschaute und ob der Nacken schmerzte, sicher ist sicher. Borg-Skala nennt sich das dann. Ab und an hatte ich noch nicht mal einen Fuß aus dem Bett gesetzt und einfach die Wohlfühl-Maximalpunktzahl angegeben, damit ich die Strafe für unpünktliches Ausfüllen umdribbeln konnte. Beim Gang zum Bad hätte ich vermutlich einige Angaben korrigieren müssen, aber meistens hatten sich meine Gelenke bis zum Trainingsstart einigermaßen erholt.

Die Datensammlung ging dann bei der sportlichen Einheit in die nächste Runde. Es wird so ziemlich alles gemessen, was nicht niet- und nagelfest ist: wie viele Sprints absolviert werden, in welchem Pulsbereich der Kicker trainiert, wie lang sein Bremsweg ist. Ganz ehrlich: Ich habe diese Totalüberwachung meiner Physis durch Hightech nie gemocht, weil sie uns Spieler auf technische Parameter reduziert,

13 Schmerzhafter Fokus.

Intuition und Tagesform einfach rausrechnet aus den variablen Zahlen für optimale Leistung. Ich kann mich mindestens an drei Trainingseinheiten erinnern, als ich nach einer durchzechten Nacht, wohlgemerkt nach dem Spiel, wie ein junger Gott trainiert habe. Raus aus der Disco, ab auf den Platz und vorher noch die Schieberegler ganz nach rechts gedreht, um nur nicht aufzufallen. Aber unter dem Strich muss ich dennoch zugeben: Gerade beim SC in Freiburg gab es tatsächlich messbaren sportlichen Erfolg, der zweifellos auch mit der konsequenten Entwicklung im wissenschaftlichen Bereich einhergegangen ist.

Zurück zum Supplementieren: Nahrungsergänzungspulver stehen hoch im Kurs. Da hat jeder Einzelne seiner Meinung nach etwas Revolutionäres in petto. Nach dem Training wurden Shakes verabreicht, bei denen nie einer wirklich fragte, was sie enthielten, Hauptsache hilfreich. Aber nicht zu verwechseln mit Doping. Dabei hätte das Wort »Eiweiß« bereits gereicht, um schon mit bloßem Auge im Spiegel erste Veränderungen an sich zu erkennen. Während ich mich meist auf die Selbstregulierung des Körpers mit all seinen Millionen korrespondierender Zellen verlassen habe, gab es durchaus Mitspieler, die brauchten ihre Daten förmlich als Orientierung und Gewissheit, dass sie gesund und fit sind. Ohne ausgleichende Zutaten bei Normabweichung hätten die Jungs vermutlich nicht mal gewusst, ob sie Links- oder Rechtsfuß sind.

Die Datenerhebung nimmt mittlerweile im professionellen Fußball eine derart exponierte und zentrale Rolle ein, dass ich die Zukunftsbranche »Analyst« als Ausbildungsberuf besten Gewissens empfehlen kann. Da geht demnächst sicher noch mehr beim Herausquetschen der kleinsten Prozentpunkte. Eine einmal eingeschlagene Entwicklung wird nämlich selten beendet, wenn sie Erfolg verspricht. Rückwärts nimmer, vorwärts immer.

Verglichen mit dem immensen Aufwand für körperliche Ertüchtigung durch technische Hilfsmittel, fristet das, was sich im Kopf des Fußballprofis abspielt, als weitgehend unerschlossenes Feld eher ein Schattendasein. Die Psyche, das mentale Befinden sind offenbar noch nicht wirklich messbar – ein Thema also, das ganz bestimmt noch stärker in den Fokus rücken wird und möglicherweise sogar die Erfahrung langjähriger Aktiver nach Karriereende ins Spiel bringt. Denn sie wissen aus eigenem Erleben, dass Fußball neben all den messbaren Parametern körperlichen Wohlbefindens vor allem eines ist und bleibt – Kopfsache. Wenn mir in der vierten Minute aus Versehen ein Tor gelang, strotzte mein Spiel vor Selbstvertrauen, Präsenz und Ballsicherheit. Aber wehe, wenn mehrere Einsätze in Serie ohne Erfolgserlebnis meine Statistik belasteten! Dann wurde der Fuß schon mal wacklig, die geistige Frische ließ zu wünschen übrig und die Überzeugung vom eigenen Können geriet merklich ins Wanken, falsche Entscheidungen waren die Folge. In solchen Fällen kann man noch so viel supplementieren, vorbeugen oder messen. Die Daten im Hirn bleiben das vielleicht letzte große Rätsel des Fußballs trotz aller technischen Hilfsmittel, Forschung und Entwicklung.

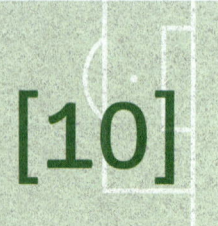

# [10] Risiken und Nebenwirkungen

Zum Glück gibt der Schwarzwald vor der Haustür seit jeher ausreichend Holz her. Zum Draufklopfen. Denn toi, toi, toi: Von den branchenüblichen Top 5-Verletzungen mit langfristigen Zwangspausen, wie etwa dem guten, alten Kreuzbandriss bin ich in meiner aktiven Laufbahn verschont geblieben; bei einem Kontaktsport mit all seinen Gefahren und Zweikämpfen bis an die Schmerzgrenze oder darüber hinaus keine Selbstverständlichkeit.

In den Weiten des Internets findet man tatsächlich sogar die Verletzungshistorie von Bundesligaspielern. Vermutlich als Service für Mannschaftsärzte und Manager vor der Einstellungsuntersuchung von Neuzugängen, denn das spart zeitaufwändige Recherche beim Medizincheck des Transferkandidaten. Niemand möchte sich ein körperliches Wrack einhandeln mit allzu offensichtlichen Verschleißerscheinungen. Und siehe da: Bei mir sind insgesamt 370 Tage und somit ziemlich exakt ein Jahr Ausfallzeitraum aufgeführt. Die längste Wettkampfruhe ist aufgrund eines Meniskusschadens bereits 2009/10 mit 60 Tagen dokumentiert, schlappe zwei Monate also. Danach folgten nur noch eher banale Blessuren, zumindest für Spitzensportverhältnisse. Hier mal ein gerissenes Außenband, dort mal ein Schultertreffer. Das ist nichts im Vergleich zu vielen leidgeprüften Kollegen, die ein wahres Martyrium über sich ergehen lassen müssen mit diversen Operationen, mühsamen Reha-Maßnahmen und schrittweiser Eingliederung ins Mannschaftstraining. Das alles mit der Faustregel vor Augen, dass nach vollständiger Genesung genauso viele Tage bis zur Top-Form ins Land gehen wie die Verletzung als solche gedauert hat.

Zur Wahrheit gehört allerdings auch, dass Profis nicht sonderlich zimperlich sein dürfen und schon mal die Zähne zusammenbeißen (oder notfalls Schmerztabletten einnehmen) müssen, um einsatzfähig zu sein. Sich wegen nicht diagnostizierbarer Beschwerden abzumelden, könnte perspektivisch Folgen haben im Rennen um die Kaderplätze, weil andere mit den Hufen scharren und durch gute Leistung im Training oder erfolgreichem Wettkampf vorbeiziehen. In Summe habe ich mindestens 15 Magnetresonanztherapien über mich ergehen lassen, nur um strukturelle Verletzungen bestenfalls ausschließen zu können. Ein kostspieliges, aber übliches Prozedere, doch die Gewissheit dank fundierter MRT-Untersuchung sorgt eben auch für die Bereitschaft, den eigenen Schmerzpunkt geflissentlich zu ignorieren. Dass unsereins nicht wochenlang auf einen solchen Termin warten muss und auch notwendige Operationen gemeinhin zur Minimierung der Ausfallzeit umgehend erfolgen, hätte ich beinahe vergessen zu erwähnen. Zu normal ist diese Vorzugsbehandlung inzwischen im Profifußball.

Was ich nach Laufbahnende wahrlich nicht vermissen werde: das tägliche und fast schon panische Hineinhorchen in den eigenen Körper. Diese permanente Angst, dass es im hochgezüchteten, leistungsoptimierten und deshalb sensiblen Apparat irgendwo knirscht. Ein leichter Schnupfen führt bereits zur spürbaren Einschränkung der Ausdauerfähigkeit, ein wenig Flüssigkeit im Knie wirft die Frage nach Trainingsteilnahme und etwaigen Verschlimmerungen auf und nächtliches Übergeben wegen eines kleinen Magen-Darm-Infekts entzieht dem austrainierten Body so viel Energie, dass Sporttreiben auf Bundesliganiveau beinahe unmöglich ist.

Verletzungen, noch dazu mit Hiobsbotschafts-Charakter, können durchaus aufs Gemüt schlagen. In den ersten Wochen wird das Fehlen eines bisherigen Leistungsträgers noch unisono bedauert, doch im schnelllebigen Tagesgeschäft Profifußball kräht bald kein Hahn

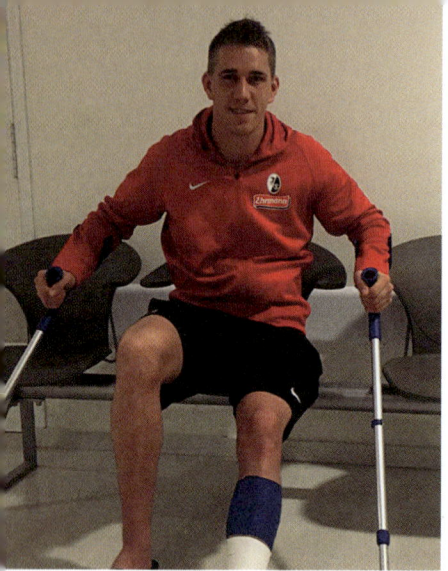

14  Seltenes Pech.
Im Januar 2016 nach einem Bänder-
riss im spanischen Trainingslager.

mehr nach dem Rekonvaleszen-
ten. Plötzlich ist man außen vor,
halt kompensiert worden; trainiert
nicht mit der Mannschaft, sondern
allein im stillen Kämmerlein; sorgt
sich um die Zukunft, hat Angst vor
dem Karriereknick, vermisst das
unbeschwerte Ball-Spielen mit den
Kollegen; Schmerzen, Zweifel und
Rückschläge beim Comeback-Ver-
such inklusive. Und auch wenn
die moderne Medizin, die heutigen Behandlungsmethoden und
die ärztliche Rundumversorgung
inzwischen nichts zu wünschen
übriglassen, und kaum eine Verletzung mehr das Laufbahnende
bedeutet wie noch vor wenigen Jahrzehnten, so bleibt jede schwerere
Verletzung ein Schlag ins Kontor – für den Marktwert, für den Platz
im Team, für das Selbstwertgefühl –, obwohl sie naturgemäß stets eingepreist ist und niemand zurückzieht im direkten Duell Mann gegen
Mann. Die Folgen sind nicht selten langfristig spürbar. Viele ehemalige
Profis bemerken den Raubbau an ihrem Körper erst, wenn sie in »Fuß-
ball-Rente« keine Schlagzeile mehr wert sind und sich kaum jemand für
ihre meist chronischen Schmerzen interessiert. Die Bundesliga fordert
regelmäßig ihren Tribut. Als dauerhaftes Risiko mit Nebenwirkungen.

Am Ende von 16 Jahren körperlicher Schwerstarbeit kann ich dankbar resümieren: Mir tut nur wenig weh, wenn ich morgens aufstehe.
Und weil ich aktuell noch recht gut zu Fuß bin, freue ich mich auf die
eine oder andere Einladung zu Freundschaftsspielen von Bundesliga-
Traditionsteams. Falls irgendwo Not am Mann ist: Ich habe womöglich Zeit und Lust.

# Vorbild auf Knopfdruck

»Profi werden ist nicht schwer, Vorbild sein dagegen sehr.« Na gut, diese Eigenkreation in Anlehnung an den reimenden Gesellschaftskritiker Wilhelm Busch trifft es wohl inhaltlich doch nicht ganz. Denn wer unter all den aufstrebenden Talenten aus verschiedensten Leistungszentren letztlich einen Profivertrag unterschreibt, hat viel erreicht – nicht nur finanziell. Und damit verpflichtet sich der kickende Jungspund mit der goldenen Zukunft dann auch gleich, ab sofort Vorbild zu sein für jüngere, gleichaltrige und womöglich auch ältere Fans. Eine Bürde, die manchen Heranwachsenden im Profizirkus mitunter überfordert.

Wie oft bin ich in Freiburg am Nachwuchsleistungszentrum vorbeigefahren und spürte dabei einen gewissen Stolz, das erreicht zu haben, wofür all die Jugendspieler dort auf den Plätzen hart schuften. So wie ich dies einst neben dem Sportgymnasium auf dem Grün des FC Carl Zeiss Jena tat, um irgendwann mal ein paar Kröten für Erbrachtes auf einem Fußballfeld erhaschen zu können. Selbst einmal kickendes Vorbild in Profikreisen zu werden, das habe ich nie angestrebt, es schien mir ohnehin unerreichbar.

Mit Superlativen aller Art hielt ich es persönlich nie so sehr. Glorifizierungen und Idealisierungen sind oft undifferenziert und gehen an den Realitäten meist vorbei. Aber genau das meint der Begriff »Vor-Bild« im wörtlichen Sinn. Jemand hat ein Bild vor Augen und eifert ihm nach. Klar, auf dem Bolzplatz war ich in Kindertagen auch gern Zinédine Zidane oder Michael Ballack. Aber das bezog sich eben ausschließlich auf deren fußballerische Popularität. Meine sozialen oder charakterlichen Vorbilder lebten dagegen unter unserem Dach und hießen Mama, Papa, Schwester, Oma.

Deshalb tat ich mich vermutlich lange recht schwer, selbst als Vorbild in Erscheinung zu treten oder diese Rolle auch wirklich zu verinnerlichen. Es macht mich noch immer stolz, wenn ich Fans mit meinem Namen auf dem Trikot im Stadion entdecke – was mir andererseits immer ein wenig unangenehm war und ist, weil ich nie der große Fan von mir war und deshalb kein Vorbild in mir selbst sah. Umso schöner, dass es einige anders einschätzten. Dabei bin ich mir bewusst, dass wir reiferen Profis wichtige Funktionen erfüllen: Die Trainer brauchen uns gewissermaßen als Anschauungsmaterial, die jüngeren Kollegen als Orientierung und der Verein im besten Fall als Identifikationsfigur, als Gesicht und Multiplikator. Dagegen ist nichts einzuwenden, im Gegenteil. Selbstverständlich versuchte ich in meiner aktiven Laufbahn bis zum Abpfiff, den unterschiedlichen Ansprüchen gerecht zu werden: mit professioneller Einstellung in vielen Trainingseinheiten, mit ausgewogener Vor- und Nachbereitung, mit teamfähigem Verhalten in der Gruppe, mit sachdienlichen Hinweisen für nervöse Debütanten oder einfach mit Respekt und Hilfsbereitschaft; Erfahrungen einzubringen und Umgangsformen vorzuleben. Ein Augenzwinkern in der Halbzeit von einem Routinier auf dem Weg in die Kabine ist für jüngere Mitspieler manchmal mehr wert als lautes Herumschreien von selbst ernannten Alphatieren. Diese Zeiten sind ohnehin weitgehend vorbei, zumal ich nie Lautsprecher war und sein wollte.

Es ist völlig legitim, wenn fußballbegeisterte Kinder oder Heranwachsende auf dem heimischen Dorfanger den ganz großen Stars nacheifern und sie imitieren wollen. Von den Besten zu lernen, schadet ganz bestimmt nicht. Schön und hilfreich wäre nur, wenn es sich nicht auf die exotische Farbe der Schuhe, die Gel-Frisur, die Anzahl der Tattoos oder den außergewöhnlichen Torjubel beschränkte. Wer Robert Lewandowski oder Thomas Müller nacheifert, der sollte sich vor allem

15 Wertvolle Erfahrung an der Pfeife: Einweisung durch Referee Deniz Aytekin bei der DFB-Aktion »Jahr der Schiris« am 25. März 2023.

an ihrem nie erlahmenden Ehrgeiz ein Beispiel nehmen – Superstars, die alles erreicht haben und sich trotzdem nicht zufrieden zurücklehnen, die in jedem Spiel für die Mannschaft marschieren und einen Körper aus Stahl zu haben scheinen. Das ist so, weil sie sich gesund ernähren, Krafttraining machen zur Stabilisierung, den Körper pflegen, vermutlich selten um die Häuser ziehen und immer auf den Punkt hochkonzentriert ihr Können abrufen können – ganz vorbildlich und letztlich erfolgreich. Woche für Woche, Saison für Saison das Potential auszuschöpfen, obwohl mancher Spieler wirklich schon alles gewonnen hat, finde ich bewundernswert, denn der Erfolgshunger lässt nicht nach. Mit Bezug auf den SC Freiburg kann ich als langjähriger Spielerkollege Christian Günter und Nicolas Höfler jedem als leuchtendes Vorbild wärmstens ans Herz legen – Freiburger Musterprofis wie aus dem Vor-Bilderbuch, die sich aus der eigenen Jugend heraus Schritt für Schritt zu unverzichtbaren Leistungsträgern des Vereins entwickelt haben, auch im Ansehen innerhalb des Teams und in allerlei anderen

Bereichen. Das alles ist ihnen nicht geschenkt worden, sondern Resultat harter Arbeit, vieler Entbehrungen und der notwendigen Eigenmotivation, immer besser werden und dazulernen zu wollen. Man braucht auf der Suche nach Vorbildern also nicht zwingend nach Madrid oder Liverpool zu schauen, es gibt sie auch vor der Haustür zuhauf.

Irgendwo habe ich vor gar nicht allzu langer Zeit einen Artikel mit der Überschrift gelesen: »Warum Fußballspieler nicht als Vorbilder taugen«. Als Argument wurden exemplarisch Verfehlungen von bekannten Kickern aufgeführt. Die gab und gibt es zweifellos, weil Fußballer eben auch nur Menschen sind mit der einen oder anderen Flause im Kopf. Auch ich finde manchen Trend unter Jungprofis eher bedenklich als vorbildlich. Die heutige Generation Jogginghose hat mitunter keine vernünftige Jeans mehr im Kleiderschrank, ganz zu schweigen von einem Jackett für offizielle Anlässe des Arbeitgebers, dafür jedoch drei Tage nach dem ersten Bundesligaeinsatz einen neuen Hubraum-Giganten auf dem Hof – und den Knigge zumindest nicht auswendig gelernt. Sei's drum! Hauptsache, sie wissen um ihre Verantwortung, Aufgabe und den Verhaltenskodex im Job.

Deshalb finde ich es unfair, mitunter mit moralischem Zeigefinger auf die zumeist aufgebürdete Vorbildfunktion nach jeder noch so banalen Verfehlung hinzuweisen. Zu Idolen müssen die protegierten Kicker erst heranreifen, wenn sie das überhaupt anstreben. Die Erwartungshaltung wird an sie eher von außen als von innen herangetragen. Ich kenne keinen Kollegen, der nach dem Nickerchen im Mannschaftsbus aufwacht und denkt: So, ab sofort bin ich Vorbild und möchte auch abseits des Spielfelds so definiert werden. Wer Bundesliga spielt, Autogramm- statt Visitenkarten verteilt und somit im Fokus einer sportbegeisterten Öffentlichkeit steht, sollte gefälligst auch moralisch einwandfrei unterwegs sein? Ziemlich viel verlangt von jungen Bengeln, denen die Welt gefühlt zu Füßen liegt und die mit dem Trubel um ihre Person erst einmal zurechtkommen müssen, ohne abzuheben. Das ist einfacher gesagt als getan.

# [12]

# Wahl-Wessi
# mit Ost-Genen

Am Nikolaustag 1988 im südlichsten Kreis des damaligen DDR-Bezirks Magdeburg geboren, bin ich wohl ein Kind des Ostens. Allerdings liegt die Betonung eher auf Kind als auf Osten. Dass kurz vor meinem ersten Geburtstag die Mauer fiel, habe ich höchstens vernommen, wenn ich im Kinderwagen mal die Lauscher auf Empfang schaltete. Um auf Demos zur friedlichen Revolution beizutragen, war ich wohl ein paar Jährchen zu jung. Doch der Wechsel der Gesellschaftssysteme, Werte, Ansichten und Erziehungsschwerpunkte erfolgte nicht per Fingerschnipp, sondern eher kontinuierlich-schleichend. Insofern wuchs ich im idyllischen Harzkurort Wernigerode wohl noch ziemlich östlich auf – und bin dankbar für eine unbeschwerte Kindheit sowie die damit einhergehende Sozialisation.

Mehr als einmal hörte ich von meinen Eltern oder anderen älteren Bekannten, dass sie dankbar dafür sind, »beides« kennengelernt zu haben: Sozialismus und Kapitalismus, Osten und Westen, Plan- und Marktwirtschaft. Wer das eine erlebt hat, weiß das andere mehr zu schätzen. Und auch wenn der Vergleich ein wenig hinkt oder gar vermessen anmutet, kann ich nach mehr als 16 Jahren Profifußball mit rasantem Tempo in nahezu allen Bereichen unseres Sports durchaus behaupten: Ich habe auch »beides« kennengelernt: Einerseits die letzten Ausläufer der Zweiklassengesellschaft zwischen Alt und Jung, gestandenen Spielern und jungen Küken, des vorauseilenden Gehorsams und der in Stein gemeißelten Hackordnung. Andererseits die nun eher flachen Hierarchien innerhalb einer Mannschaft mit verteilter

Verantwortung auf viele, auch jüngere Schultern, statt Fokussierung auf einen einzigen Leitwolf mit Häuptlingsstatus. Ohne soziologisch besonders bewandert zu sein, steht zu vermuten: Die Entwicklung des Gruppenverhaltens von Fußballteams entsprach in den vergangenen Jahren wahrscheinlich jenen in anderen Gesellschaftsbereichen: Tendenz antiautoritär.

Alles hat seine Zeit. Und die war anfangs nicht unbedingt gemütlich, als ich als Teenager die ersten Schritte bei den Profis machen durfte, bei Rudelführern der alten Schule in Jena wie Torsten Ziegner und Jan Šimák. Da standen schon mal dreckige Botten eines Routiniers an meinem Platz in der Kabine mit der Aufforderung versehen, ich solle sie gefälligst putzen. Das stellte sich zwar als Scherz heraus – aber ich hätte es getan, ohne Wenn und Aber; ebenso wie ich bepackt mit Trainingsutensilien nebst Ballsack im Trainingslager vor dem Mini-Fahrstuhl stand und überlegte, wie das alles zu transportieren sei als Spieler vom Dienst mit Dauer-Abo, während meine deutlich älteren Mitspieler mit Händen in den Hosentaschen grinsend an mir vorbeischlenderten. Diese »Erziehungsmaßnahmen« haben mir nicht sonderlich geschadet und wohl eher Respekt eingebracht als Häme, eben weil ich nicht murrte. Etwas später bei Energie Cottbus hätten mich die »Alten« um Tomislav Piplica und Timo Rost vermutlich von der Massagebank gezerrt, wenn ich es als 20-Jähriger gewagt hätte, eine prophylaktische Behandlung in Anspruch zu nehmen. Ich konnte mir ihre bohrenden Blicke schon ausmalen, garniert mit dem Satz: »Du spielst nicht, Dachs. Wozu also Massage?« Dass ich trotzdem fix und fertig war nach knochenhartem Training unter Bojan Prašnikar, der slowenischen Ausgabe von Felix Magath, spielte keine allzu große Rolle. Die zwei Physios beim Bundesliga-Team hatten sich gefälligst um die Anführer und Leistungsträger zu kümmern. Folglich versuchte ich erst gar nicht, Entspannungsbecken oder Sauna im Beisein der Altvorderen zu betreten, sondern erst frühestens, wenn sie ihr Tagwerk verrichtet und das Gelände verlassen hatten.

Der Umgang miteinander im Team und auch das Selbstverständnis in der Rollenverteilung haben sich seither grundlegend gewandelt. Zuletzt saß ich schon mal mit Kollege Chicco Höfler als Ü30-Fraktion erschöpft und plaudernd nach Trainingsende im Wellnessbereich des SC Freiburg, als Generation Jungdynamisch mit aufgedrehter Musikbox den Ruhebereich enterte. Früher: undenkbar ohne unterwürfige Nachfrage. Heute: übliches Prozedere. Vermutlich hätte ich dem einen oder anderen auch mal eine Ansage machen sollen, aber bei drastischer Unterzahl der älteren Spieler wollte ich nicht den für die Jungspunde uncoolen Spießer geben. Aufs Ganze gesehen blieb ich in all den Jahren meiner Karriere meist unauffällig, ich konnte mich immer gut an- und einpassen: anfangs der fügsame Nachwuchsspieler, der die Hierarchien akzeptierte und einfach hart arbeitete, ohne zu maulen; gegen Ende der ruhige Routinier, der die Dynamik im Team verstand, weil sie viele Vorteile mit sich gebracht hat – solange die Leistung stimmte, was bei der SC-Mannschaft gerade zum Ende meiner Karriere hin der Fall ist. Die Tabelle lügt nicht.

Wie jeder Wandel vollzogen sich die geschilderten Entwicklungen im Umgang der Spieler miteinander allmählich, nicht ad hoc. Vermutlich gab es aber klassische Wendepunkte, etwa jene Momente, in denen die letzten Bosse mit Alleinstellungsmerkmal à la Lothar Matthäus, Matthias Sammer oder Stefan Effenberg nach Karriereende die Bühne verließen. Einer der letzten augenscheinlichen Breaks war zweifellos die Wachablösung Michael Ballacks verletzungsbedingt vor der Weltmeisterschaft 2010 in Südafrika. Man musste nicht Nationalspieler sein, um selbst als Außenstehender zu sehen, zu fühlen und zu merken, dass der Capitano mit seinem Charisma neben all den anderen Super-Kickern seiner Generation in der Wahrnehmung nochmal auf einem eigenen Level unterwegs war. Sein Glanz strahlte um einiges heller, ohne ihn wirkte die Mannschaft im wahrsten Sinn des Wortes kopflos. Vielleicht hemmte seine Aura auf und neben dem Platz aber auch diejenigen, die stets ein wenig in seinem Schatten standen.

16 Karriere-Fahrplan.

Denn plötzlich, als sein Fehlen in Südafrika zwangsläufig andere in den Vordergrund und in Verantwortung rückte, blühten diese auf, die damals begeisternden Unverbrauchten um Thomas Müller, die vier Jahre später reif für den WM-Titel waren. Es waren Persönlichkeiten wie Bastian Schweinsteiger, Philipp Lahm und Miroslav Klose an der Spitze, aber eben nicht die eine Galionsfigur auf dem Sockel, die über allen anderen stand.

Meinen ersten exklusiven Ost-West-Kulturschock erlebte ich bereits im Sommer 2011 mit dem Wechsel vom »Stolz der Lausitz« zum »Stern des Südens«. Ausgerechnet die Schickeria in München war also mein erster Anlaufpunkt in den alten Bundesländern. Plötzlich war ich umzingelt von Legenden, die ich bis dato nur aus dem Fernsehen oder als Sammelbilder aus Duplo-Packungen kannte. Mein Vermieter hieß Martín Demichelis und war argentinischer Nationalspieler. Von meinem Nachbarn und Schauspielerstar Hans-Joachim Fuchsberger war vor allem meine Oma angetan, und auf dem Trainingsplatz hätte bei all den Auswahlspielern des FC Bayern täglich die Nationalhymne erklingen können – all das war irgendwie surreal. Weil ich neben dem etwas jüngeren und damals schon hoch dekorierten Toni Kroos der einzige »Ossi« war, wollte ich nicht auch noch als solcher an meinem Outfit erkannt werden. Schon folgte der erste typische Fehler: Teure Designerklamotten mussten her, um nicht auch noch modisch abzufallen, denn auf dem Rasen war das oft genug beinahe zwangsläufig der Fall. Es folgte der konfigurierte Monster-Audi als doppelt so großer Nachfolger meines selbst ersparten Kleinwagens. Ich war damit noch wenige Jahre zuvor zur U20-Nationalmannschaft gefahren, das Auto von oben bis unten beklebt mit Schriftzügen des FC Carl Zeiss Jena. Ich murmelte dann bei der Auswahl irgendwas von »Dienstwagen«, allerdings war das tatsächlich mein privater Pkw und die fahrende Litfaßsäule hatte lediglich für einen Rabatt bei der Leasingrate gesorgt.

Kurzum: In München war mein vorrangiges Ziel, nicht negativ aufzufallen. Ein klassischer Mitläufer, auch wenn sich die späteren Weltmeister um Philipp Lahm und Bastian Schweinsteiger netterweise nichts anmerken ließen und mich als vollwertiges Mitglied des Teams wohlwollend integrierten. Doch schon in dieser Phase wuchs der

Verdacht, dass dies nicht meine Welt sein würde. Selbst auf der Ersatzbank spürte ich den enormen Druck des Gewinnenmüssens – koste es, was es wolle. »Mia san mia«, gefühlt mit mir als Goldfisch im Haifischbecken. Innere Unruhe, Nervosität und schwindender Frühstücksappetit ließen nicht lange auf sich warten.

Deutlich besser ging es mir dann ein Jahr später an der Weser und es folgte das nächste Kapitel im nie endenden Lernprozess. Meine Mitspieler hießen dort Kevin de Bruyne, Marko Arnautović und Eljero Elia, waren ebenfalls unglaublich gute Fußballer – und schräge Vögel im positiven Sinn, fast schon Popstars in kurzen Hosen. Daneben wirkte ich wahrscheinlich wie der brave Vorzeige-Schwiegersohn, auch wenn mich dies niemand spüren ließ. Trotzdem umgab ich mich bei Werder am liebsten mit Kollegen, die wie ich jenseits der Grenze geboren worden waren, weil einfach die Wellenlänge stimmte mit Clemens Fritz und Sebastian Mielitz, den Ossis im Team. Und das mehr als 20 Jahre nach der deutschen Einheit. Man kann eben nicht raus aus seiner Haut.

Freiburg wurde 2015 dann meine dritte Station im »Westen«, und inzwischen habe ich deutlich mehr erwachsene Zeit in der alten BRD verbracht als in den gar nicht mehr so neuen Bundesländern. Das führte aber keineswegs dazu, dass sich Marotten, Charakter oder tief verwurzelte Wesensmerkmale geändert hätten. Das Thema »Selbstvermarktung« kam bei uns in der Schule offenbar zu kurz. Wir Ossis machen uns lieber etwas kleiner als wir womöglich sind. Das treibt mitunter amüsante Blüten. Ein PR-Profi hat mir einmal ordentlich die Leviten gelesen. Nach dem denkwürdigen 4:3-Auswärtssieg des SC Freiburg 2017 im verschneiten Stadion des 1. FC Köln nach einem 0:3-Rückstand wurde ich als dreifacher Torschütze zum Interview gebeten. Nichts Ungewöhnliches. Als mich der enthusiastische Reporter kurzerhand zum »Matchwinner« kürte, lobte ich vor laufender Kamera zunächst mal meinen Mitspieler Janik Haberer. Der hatte nämlich in einer wichtigen Phase des Spiels das zweite Freiburger Tor erzielt und so überhaupt erst dafür gesorgt, dass wir als Mannschaft wieder an uns glaubten und tatsächlich das Spiel in der Nachspielzeit drehten. Ich meinte das genau so, wie ich es dem Reporter sagte. Das war keine Koketterie, keine falsche Bescheidenheit, sondern in dem Moment mein voller Ernst. Besagter PR-Profi hatte eher weniger Verständnis für meine Zurückhaltung, denn nach drei Toren hätte ich im Interview gern einen auf dicke Hose machen und mich lobpreisen lassen können, meinte er. Das war aber nie mein Ding als Teamplayer und Ossi, nicht einmal als Dreifachtorschütze. Für etwaige Sozialstudien stehe ich auf Nachfrage gern zur Verfügung: als stolzer Wahl-Wessi mit unverkennbaren Ost-Genen.

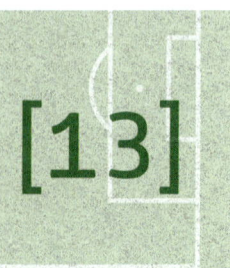

# [13] 11 Freunde müsst ihr sein

... Ob dieser legendäre Satz aus dem Einmaleins jedes Fußballfreundes nun tatsächlich von Weltmeister-Trainer Sepp Herberger stammt, spielt keine allzu große Rolle. Viel wichtiger ist die Botschaft, die darin enthalten ist. Sie ist vermutlich auch nicht wörtlich zu nehmen und doch noch immer aktuell.

Weil 1954 beim ersten WM-Titel für Schwarz-Rot-Gold noch niemand aus- oder eingewechselt werden konnte, dürfte der Spruch von den elf Kumpels vielleicht sogar halbwegs gepasst haben. Allerdings weiß ich nicht, ob etwa die WM-Helden Fritz Walter und Helmut Rahn tatsächlich befreundet waren und samt Familien zusammen Silvester gefeiert haben. Gehen wir einfach davon aus, dass die Rede von elf Gleichgesinnten ist, mit denen man heutzutage allerdings bei Kaderstärken jenseits der 25 Spieler pro Mannschaft längst nicht mehr auskommt. Soll heißen: Wenn im Saisonverlauf nicht alle oder zumindest die meisten an einem Strang ziehen, das gleiche Ziel haben und sich gegenseitig unterstützen, wird's auf Strecke halt schwierig mit dem Erfolg.

Dabei geht es in erster Linie um den gegenseitigen Respekt im Umgang miteinander; um die Bereitschaft, für den Mitspieler Fehler ausbügeln zu wollen und sein eigenes Ego hintanzustellen. Das habe ich immer so gut es ging versucht, obwohl auch mir bei manchen der zahlreichen Bank-Delegierungen im Rahmen der Trainingswoche bestimmt der Unmut anzusehen war. Sich dann trotzdem in den Dienst der Kollegen zu stellen – die im Übrigen nichts für meine Nichtberücksichtigung konnten – und nach etwaiger Einwechslung meinen

17 Das »Wir« gewinnt: Am 14. Mai 2022 gelang dem SC Freiburg in Leverkusen die Qualifikation für die UEFA Europa League.

Teil dann doch beizutragen, war stets selbstverständlich. Nicht selten habe ich sogar persönlich profitiert, wenn meine Mitspieler den Gegner müde gerannt hatten und ich frisch und munter die Lorbeeren mit Toren in der Schlussphase für die Mannschaft einheimsen durfte. Es gibt also deutlich Schlimmeres im Leben, als nicht von Beginn an zu spielen – zumindest seit Einwechslungen im Fußball möglich sind.

Ob die Chemie innerhalb eines Teams stimmt, hängt naturgemäß von mehreren Faktoren ab – und von den Typen. Es braucht Jungs, die das Zepter in die Hand nehmen, auf Neue zugehen, Einzelgänger und Fremdsprachige integrieren, gemeinsame Aktivitäten organisieren, Trost spenden oder dem unmittelbaren Teamkonkurrenten zu seiner Leistung gratulieren. In besonderem Maße habe ich solch eine Atmosphäre als »Arbeitsklima« in Freiburg beim SC erlebt und schätzen gelernt. Regelmäßig trifft sich ein Großteil der Mannschaft zum außerdienstlichen Miteinander: zum gemeinsamen Frühstück, zum sportgerechten Mittagsmenü, zum spießigen Kaffeetrinken, zum ausgiebigen Abendessen mit und ohne Anhang, auch mal zum Vino. Einen schlecht Gelaunten gab es dann ab und an höchstens, wenn bei Stein, Schere, Papier alias Schnick, Schnack, Schnuck die Gesamtrechnung auf Kosten des Verlierers ging; oder die letzte Karte aus der Mütze gezogen wurde, die dann für die Endabrechnung herhalten musste. Bei diesem Beisammensein wird geplaudert und geflachst, auch Nicht-Sportliches thematisiert; es entwickelt sich dabei ein Wir-Gefühl, das auf Dauer Früchte trägt – und jährlich nach erreichtem Saisonziel auf Mallorca endet.

Lange habe ich mich hierbei geziert. Kollektives Betrinken auf Befehl war nicht mein Ding. Aber als Bestandteil des Teams saß ich dann nach dem Freiburger Wiederaufstieg 2016 natürlich doch im Flieger Richtung Ballermann, auf jene Insel, die ich auch ohne Fußballkollegen und am liebsten mit meiner Frau Carla regelmäßig ansteuere. Bis auf die Pandemie-Phase war auf mich beim finalen Teamtrip immer Verlass. Der Kurz-Ausflug ans spanische Meer entpuppte sich jedenfalls stets als Sommerpausenstart der besonderen Art, einfach weil die Stimmung eine ganz spezielle ist. Alle Mitreisenden sind unbeschwert, die Manieren bleiben schon mal im Koffer und die bei diversen Medienschulungen eingeimpfte Profi-Rhetorik wird gern mal für einige Stunden ohne Kamera und Zeitlupe über Bord geworfen. Sogar Lippenleser sind uns dort egal. Auf Malle wurden wir einmal im Jahr eben nicht mit drohenden Vereinsbußen im Genick an unsere Vorbildrolle erinnert; junge Männer mit Spaß und Sprüchen, die ausnahmsweise nicht diszipliniert an die Einheit am nächsten Morgen oder an 4–3–3 mit aggressivem Anlaufen denken mussten. Gefühlt ganz Fußball-Deutschland trifft sich dort rund um »Bierkönig« und »Megapark«. Und alle vereint der Durst auf Urlaub am Ende einer Spielzeit voller Verzicht. Einfach mal loslassen, nicht Vorbild sein müssen und mit dem einzigen Konkurrenzgedanken, wer die nächste Säule Wodka Lemon besorgt. Solche Erlebnisse schweißen stärker zusammen als jedes Trainingslager und sorgen wesentlich länger für mannschaftsinternen Gesprächsstoff als der jüngste Sieg im Derby.

# [14] Geld regiert die Welt

Mein Verhältnis zum Geld war seit frühester Jugend eher ambivalent. Erst hatte ich wenig zum Ausgeben und dann in rasender Geschwindigkeit so viel, dass es fast schon unwirklich war. Monat für Monat kam da halt immer wieder ein neuer Batzen hinzu. Ob dieses Geld meinen Charakter verdarb oder mich verändert hat, kann ich gar nicht objektiv bewerten. Das wäre, als ob ich mir nach einem wichtigen Spiel selbst eine Note geben oder die Beurteilung im eigenen Schulzeugnis selbst verfassen müsste. Vermutlich haben sich andere Menschen in meinem Umfeld darüber mehr Gedanken gemacht, und ich hoffe sehr, dass meine finanzielle Sorgenfreiheit und die exponierte Stellung als Profi bei mir nicht zu arroganter Borniertheit geführt haben. Das wäre schade und durch nichts zu rechtfertigen.

Womöglich hat mich ein Kindheitserlebnis bis in alle Zeiten geprägt. Der Bruder meiner Oma, ein Busunternehmer, schlachtete im Beisein der gesamten Familie sein riesiges Sparschwein. Schier unendlich viele Fünf Mark-Stücke, die ich als Steppke sowieso verehrt habe, weil sie so wunderbar schwer waren und man sich davon fast eine Packung Pokémon-Karten kaufen konnte, fielen heraus, vermutlich über Jahre hineingeworfen bei jeder sich bietenden Gelegenheit. Mich als Dreikäsehoch hat das nachhaltig beeindruckt, wie viel Geld da plötzlich kreuz und quer auf dem Tisch verstreut war. Unglaublich! An diesem Tag nahm ich mir fest vor, später auch mal sparsam zu sein. Na ja, das klappte so mittelmäßig. Im Internat zu Jena beließ ich jedenfalls exakt 17,90 Euro zum Monatsende auf dem regelmäßig ausgereizten Konto:

18

für ein Bahnticket nach Hause und einen Cheeseburger beim Zwischenstopp am Hauptbahnhof Halle an der Saale (das war bereits ein Ritual). Später in Cottbus war mittags für unsere Jugendbrigade der Fleischer »Wild und Geflügel« unser Anlaufpunkt, weil es dort kostengünstig Nudeln mit Wurstgulasch für den kleinen Hunger zwischendurch gab. Unsere gestandenen Mitspieler bevorzugten dagegen eher die gehobene Küche beim Stammitaliener Nando statt des Stehimbisses in der Straße der Jugend; die hieß übrigens wirklich so.

Ich konnte schon immer recht ordentlich wirtschaften und machte finanziell selten komplett verrückte Sachen. Während andere Besserverdiener Rendite vergleichen und wie promovierte Mathematiker kalkulieren, habe ich nachts stundenlang im Kopf gerechnet und auch schon einmal um drei Uhr morgens meinen Bekannten beim Geldinstitut des Vertrauens angefragt, wenn ich einen Immo-Kredit benötigte – vermutlich ziemlich amateurhaft. Aber ich war und bin heilfroh, den kompetenten Kollegen bei der Bank an der Angel zu haben (oder er mich, wie man's nimmt). Bei meiner heimatlichen Harzsparkasse wurde ich jedenfalls beizeiten jemandem zugewiesen und bin dort bis heute gut aufgehoben.

Überhaupt war es mir immer enorm wichtig zu wissen, an wen ich mich bei Handytarifen, Versicherungen oder sonstigen Knebelverträgen vertrauensvoll wenden kann, von denen wir Laien eher nur überschaubar Ahnung haben. Und ich wurde zu meinem großen Glück höchstselten enttäuscht. Ebenso schätze ich loyale Menschen, die bei mir nicht nur das schnelle Geld wittern oder auf sonstige Vorteile aus unserer Bekanntschaft bedacht sind. In meinem persönlichen Rückblick haben diejenigen am meisten von meinem späteren Verdienst profitiert, die es auch in schlechten Zeiten gut mit mir gemeint hatten. Es war mir dann auch ein Bedürfnis, wann immer es sich anbot, etwas zurückzugeben und so auf meine Weise Danke zu sagen. Vor dem Champions-League-Finale 2012 in München habe ich deshalb beispielsweise hunderten Kartenanfragen Absagen erteilt und mir genau ausgesucht, welche 20 Weggefährten ich zu diesem fußballerischen Höhepunkt einlade und an meiner Seite haben möchte. Die 6000 Euro habe ich liebend gern ausgegeben für Menschen, die sich mir gegenüber als wirklich loyal erwiesen hatten in all den Jahren des gemeinsamen Wegs. Ihre Dankbarkeit habe ich bis in die Haarspitzen gespürt, und dieses Gefühl ist nicht mit Geld aufzuwiegen.

Obwohl ich für die heutigen Fußball-Verhältnisse relativ spät mit Gehältern im oberen Regal zum Zuge kam, fand ich die kolportierten Summen immer irgendwie absurd. Als mich Energie Cottbus verpflichtete, standen 250 000 Euro Ablöse an den FC Carl Zeiss Jena im Raum und damit ungefähr 50-mal so viel, wie ich bis dato verdient und wahrscheinlich auch für den vormaligen Arbeitgeber erwirtschaftet hatte. Zweieinhalb Jahre später war dann bereits von 2,8 Millionen Euro bei meinem Wechsel nach München die Rede. Zahlen also, die für mich eher nach Monopoly klangen als nach Realität und Marktwert, ziemlich theoretisch jedenfalls, das hatte was von Aktienhandel und Börsenspekulation. Zu sehr habe ich mich damit aber nie beschäftigt, verhandelt hatten für mich meist andere. Und vermutlich verdaddelte ich im Verlauf meiner Karriere auch so manchen Taler, einfach weil Geld für mich nie das Wichtigste war. Ich habe nie einen Vertrag auslaufen lassen, um dann ablösefrei in eine bessere Verhandlungsposition zu gelangen und die Chance auf Handgeld zu bekommen, die sogenannte »Signing Fee«. Frühzeitige Klarheit über meine Zukunft war mir allemal wichtiger. Und den Vereinen sowieso.

Eines Tages kam der damalige Energie-Coach Pelé Wollitz auf mich zu und fragte geradewegs, was ich verdiene. »7000 Euro brutto im Monat, Trainer«, entgegnete ich ohne zu zögern oder darüber nachzudenken, ob ihn meine Vertragsdetails etwas angingen. Er hätte es sowieso rausbekommen. Seine Antwort verblüffte: »Ab morgen mehr. Ich spreche mit dem Präsidenten. Du schießt zu viele Tore und verdienst zu wenig im Vergleich zu anderen, das ist unfair.« Gesagt, getan. Einen Tag später hatte mein gültiger Arbeitsvertrag einen Zweizeiler mehr im Anhang.

Auch bei späteren Gesprächen über die Fortsetzung der Zusammenarbeit in Bremen und Freiburg habe ich nie gezockt oder mehr verlangt, als mir angeboten wurde, sondern einfach unterschrieben. Was bis heute wohl kaum jemand weiß: Ich habe sämtliche Verträge der Karriere unterzeichnet, ohne sie mir jemals genau durchgelesen zu haben, ganz einfach, weil ich den handelnden Personen vertraute, aber auch mit dem Gespür dafür, dass mein Salär ohnehin zu hoch war. Zumindest fühlte ich mich nie so viel wert, wie ich bekam.

Am krassesten sind allerdings die Erfolgsprämien. Für Siege und Punkte, für ein paar Minuten Spaß im vollen Stadion mit Gänsehautgarantie gab es richtig Geld. Bezahlte Glücksgefühle also. Wahnsinn. Oft genug habe ich dank meiner erschöpften Teamkollegen sogar verdient, obwohl ich große Teile des Spiels interessiert und tatenlos von der Bank aus zuschaute. Denn wer eingesetzt wird, ist halt seit jeher und allerorten an der Prämie beteiligt, Erfolg vorausgesetzt. Tatsächlich waren diese spieltagsbezogenen Ausschüttungen immer die angenehmste und ehrlichste Einnahmequelle, weil wir am Samstagnachmittag etwas dafür leisteten: die Fans innerhalb und außerhalb des Stadions glücklich gemacht, für gute Stimmung in Stadt und Land gesorgt und wahrscheinlich indirekt auch die Gastronomie der Region gefördert.

Erstmals wurde mir als halbwegs unbedarftem Jungprofi in der Bundesliga in einer Besprechung des FC Bayern München unverblümt vor Augen geführt, dass Geld nicht alles im Leben ist. Vor dem Auswärtsspiel im Achtelfinale des DFB-Pokals 2011/12 beim VfL Bochum wurden wir Spieler gefragt, ob wir für das Erreichen der nächsten Runde lieber eine fünfstellige Summe pro Spieler oder einen zusätzlichen freien Tag als Team erhalten möchten. Natürlich war ich als Neuling und Hinterbänkler im Starensemble niemand, der ernsthaft um seine Meinung gebeten wurde. Es fand auch keine Abstimmung statt. Aber ich habe mich durchaus bei der Überlegung ertappt, was ich denn mit dem unverhofft fetten Zubrot in der Größenordnung eines Cottbuser Monatsgehalts alles anfangen könnte. Einen freien Tag brauchte ich nicht, schließlich drehte sich ohnehin das gesamte Leben nur um Fußball, ohne Training war ich eher orientierungslos und gelangweilt. Allzu konkret musste ich beim Planen, wie ich das Geld ausgeben würde, allerdings nicht werden, denn die Wortführer des Teams entschieden kurzerhand für die Gruppe: trainingsfrei, Widerrede zwecklos! Verstanden habe ich das erst mit einiger Verspätung. Denn bei den Topverdienern fielen solche Summen nicht sonderlich ins Gewicht, während Freizeit ein rares Gut bei den Vielbeschäftigten mit der ewigen Pendelei zwischen Bundesliga, Pokal, Champions League und Nationalmannschaft war. Geld ist tatsächlich nicht alles im Leben, wenn man genug davon hat.

In den letzten 30 Jahren sind vermutlich in kaum einer anderen Branche die Gehälter so stark gestiegen wie im Fußball. Detlef Schößler war DDR-Nationalspieler zur Wendezeit und Kapitän der Bundesliga-Mannschaft von Dynamo Dresden Anfang der 1990er Jahre. Er verdiente nach eigenen Angaben 8000 DM im Monat, ein Gehalt weit über dem damaligen Einkommensdurchschnitt in den neuen Bundesländern. Gemessen am heutigen Grundeinkommen in der höchsten deutschen Spielklasse war das aber eher ein Taschengeld. Heute verdient »Kurti« als Lehrer an der Sportschule seine Brötchen. Jeder Bundesliga-Spieler ist gut beraten, die überschaubare Zeit inzwischen deutlich höherer Einnahmen sinnvoll zu nutzen. Das klingt einfacher, als es ist. Denn Gefahren lauern überall, und allerlei Leute sind tunlichst darauf bedacht, von der Unwissenheit in möglichst großem Stil zu profitieren. Ich unterstelle niemandem etwas Böses. Aber es flattern nahezu wöchentlich verlockende Angebote ins Haus, wo die vielversprechendsten Anlagemodelle zu finden oder welche Luxusgüter zum Schnäppchenpreis zu haben sind. Einer verdient viel, viele wollen partizipieren; macht Sinn. Nur sollte man die Rate für das monströse Leasing-Fahrzeug oder die schnieke Eigentumswohnung in Citylage auch nach Karriereende noch zahlen können, ohne in Verlegenheiten zu kommen. Die Bildung von Rücklagen in der aktiven Zeit ist daher empfehlenswert, für Sicherheitsfanatiker wie mich erst recht.

Wer keine Sorgen hat, der macht sich welche. Vermutlich bin ich auch deshalb skeptisch und vorsichtig. Existenzängste lassen nicht etwa mit steigendem Kontostand nach, sondern werden größer. Klingt komisch, ist aber so. Als ich mit Anfang zwanzig beim Shoppen in der Münchener Maximilianstraße einmal kurz davor war, einen fünfstelligen Betrag hinzublättern, wurde mir schlagartig klar, dass meine Mutter in Vollzeit dafür ein halbes Jahr arbeiten muss. Seitdem versuche ich, eher behutsam und bewusst mit all dem erspielten Geld umzugehen. Das ändert jedoch nichts daran, dass ich wie geschildert Sicherheitsfanatiker bin. Es vergeht leider keine Woche, in der ich nicht online die Zahlen checke. Die Fallhöhe ist erheblich, unruhige Nächte inklusive. Tolles Haus, exklusive Klamotten – der Lebensstandard will gehalten sein, auch wenn die gewohnten Summen nach Karriereende nicht mehr monatlich auf das Konto flattern und im besten Fall noch 40 Lebensjahre plus x zu überbrücken sind – das sollte idealerweise auch ohne gut dotierten Managerposten im Profifußball gelingen.

Was mich allerdings am meisten befremdet hat: Geld verändert Hierarchien sogar innerhalb einer Familie. Unausgesprochen. In unserer heimeligen Vater-Mutter-Schwester-Bruder-Konstellation war ich der Jüngste, der Beschützte. Ich fühlte mich wohl in dieser behüteten Rolle, schaute auf zu den Eltern. Doch irgendwann verdiente ich wesentlich mehr, als meine Erziehungsberechtigten zusammen erarbeitet hatten. Sie betrachteten mich plötzlich anders, obwohl ich lieber der kleine Nils geblieben wäre. Selbstverständlich gebe ich gern ab, zahle das Essen bei Familienausflügen oder unterstütze Angehörige, sofern es in meiner Macht steht. Allerdings wollen sie das meist gar nicht, vor allem nicht abhängig oder Bittsteller sein. Ich wiederum möchte teilen, etwas zurückgeben. Nicht immer einfach – weil Geld offenbar wirklich die Welt regiert.

Jedenfalls bewundere ich all die vielen Menschen, die sich ihr Leben lang mühen, um sich einen kleinen Luxus zu gönnen oder nach 30 Berufsjahren ihr Heim mühsam und stolz abbezahlt zu haben. Ein Gefühl, das Bundesliga-Fußballer heutzutage vermutlich gar nicht mehr kennen, vor allem nicht in der kurzen Hoch-Zeit ihrer aktiven Karriere auf dem grünen Rasen. Spannend wird es wohl erst danach, ob man den gewohnten Lebensstandard aufrechterhalten kann.

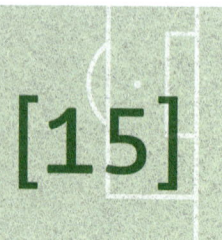

# [15] Phänomen Freiburg

Als ich mich kurz vor Weihnachten 2014 für den Standort Freiburg entschied, hatte das ausschließlich sportliche Gründe. Natürlich habe ich mich notgedrungen hektisch und einigermaßen oberflächlich über den Club und die Stadt informiert, vor allem um etwaige Peinlichkeiten bei Ankunft zu vermeiden aufgrund meiner kompletten Ahnungslosigkeit. Nachhaltigkeit, Klima, Immobilienpreise und Pro-Kopf-Anzahl an Kitaplätzen oder Krankenhausbetten als übliche Faktoren für die Ermittlung der örtlichen Lebensqualität spielten in meinen Überlegungen nicht mal eine untergeordnete Rolle, sondern gar keine.

Inzwischen haben sich Sichtweisen und Prioritäten gänzlich geändert. Dass Freiburg und Umgebung auch nach Beendigung der aktiven Laufbahn unser Lebensmittelpunkt sein werden, hat selbstverständlich mit Carla und ihrer hiesigen Verwurzelung zu tun. Doch es gibt weitere Gründe, die Stadt an der Dreisam aus tiefstem Herzen als Nonplusultra zu betrachten.

Bei »Lonely Planets Best Travel 2022« habe ich gelesen, dass Freiburg bei den weltweiten Top-Städten mit beneidenswert hoher Lebensqualität auf Platz drei geführt wird, hinter Auckland und Taipeh. Na bitte. Da wir keinerlei Ambitionen haben, in Neuseeland oder Taiwan heimisch zu werden, scheint unsere Wahl folglich die bestmögliche zu sein. Auch wenn andere Rankings, gegliedert nach spezifischen Aspekten, Freiburg nicht mal in den Top 10 deutscher Städte aufführen – sei's drum. Wohlfühlen ist ohnehin nicht durch Umfragen zu verallgemeinern und bleibt stets subjektives Empfinden. Die herrliche

Landschaft, das häufig schöne Wetter im bundesrepublikanischen Vergleich sagen uns ebenso zu wie die ausgeprägte Umweltfreundlichkeit und die intellektuelle Stressfreiheit der Unimetropole mit langer Historie und nostalgischer Architektur. Wer Freiburg nicht mag, ist selbst dran schuld.

Gleiches gilt zweifellos für den SC als sportliches Flaggschiff im südlichen Baden-Württemberg. Als sympathischer, bodenständiger und vergleichsweise kleiner Verein hat der SC wohl noch nie sonderlich polarisiert. Nach meinem Verständnis waren Freiburgs Fußballer stets eher gemocht als gefürchtet. Doch betrachtet man die Entwicklung dieses Clubs auch im Vergleich zu manchem Traditionsgiganten, dann ist das Attribut »phänomenal« fast schon untertrieben. Nach der deutschen Wiedervereinigung zu Beginn der 1990er Jahre hatte der SC im Schnitt knapp 5000 Zuschauer, inzwischen ist das Europa-Park Stadion beinahe ausnahmslos bei allen Heimspielen ausverkauft. Die Schallmauer von 50 000 Mitgliedern ist durchbrochen bei knapp 230 000 Einwohnern, und das Erreichen internationaler Wettbewerbe ist mehr selbstbewusster Anspruch als sportlicher Ausrutscher.

Der Weg ist das Ziel. Als ich 2015 in Freiburg anheuerte, stieg der SC trotz ordentlicher Rückrunde unglücklich aus der Bundesliga ab. Seitdem ging es stetig bergauf. Zunächst ein Jahr später zurück ins Oberhaus, zuletzt viermal in Serie unter die ersten Zehn ohne Abstiegssorgen, und schließlich gelang nun zweimal in Folge die Qualifikation für Europa. Das Erreichen des DFB-Pokalfinales 2022 war deshalb keine Sensation mehr, sondern Ausdruck gewachsenen Leistungsvermögens. Und wie selbstverständlich maß sich Freiburg nun mit der alten Dame Juventus Turin beinahe auf Augenhöhe in der UEFA Europa League. Vor acht Jahren noch undenkbar.

Diese neue Qualität und das schrittweise Aufschließen zur erweiterten Spitzengruppe der Bundesliga sind weder vorübergehend noch das zufällige Resultat einer goldenen Generation Hochbegabter, sondern die Summe aus Kontinuität, Kompetenz, Vertrauen, Demut,

19 Meisterfeier in Liga 2: Am 33. Spieltag der Saison 2015/16 war nach dem 2:0 gegen Heidenheim der direkte Wiederaufstieg perfekt.

Respekt und Miteinander. Ich verrate kein Geheimnis: Der SC hatte in den vergangenen 30 Jahren exakt vier Trainer. Nochmal zum Mitschreiben: vier! Die haben andere Vereine im Panikmodus schon mal während einer Saison. Branchenübliche Misserfolgsmechanismen werden in Freiburg kurzerhand außer Kraft gesetzt. Nicht nur der Coach hat längst eine zweistellige Haltbarkeitsdauer open end, auch die Macher um Jochen Saier, Klemens Hartenbach und Oliver Leki prägen inzwischen eine für Fußballverhältnisse unfassbar lange Zeit. Kaum weniger langlebig unter Vertrag sind die Spieler an der Dreisam. Laut *Sport Bild* belegt Freiburg Platz eins im Vereinstreue-Ranking der Bundesliga mit mehr als fünf Jahren SC-Trikot im Schnitt. Das lasse ich einfach mal so stehen und wirken. Mein Anteil mit fast neun Jahren bestätigt diesen Wohlfühlfaktor als Voraussetzung dafür, sein individuelles Potential ausschöpfen zu können. Daraus resultiert: Die meisten verstehen sich blind, kennen Stärken und Defizite des Nebenmannes, sind jederzeit bereit zum gegenseitigen Fehlerausbügeln.

Gruppenharmonie hat allerdings nicht ausschließlich mit der Verweildauer zu tun, sondern maßgeblich auch mit Werten und charakterlichen Merkmalen. Beim FC Bayern durfte ich ein Jahr lang das vielzitierte »Mia san mia« einatmen, das dem Club eingeimpfte Selbstverständnis, gewinnen zu können, zu wollen und zu müssen. Das steht schon im Kleingedruckten der Verträge, zumindest zwischen den Zeilen. Beim SC Freiburg dagegen wird seit jeher ein besonderes Augenmerk auf die Teamfähigkeit gelegt. Das war bei meiner Verpflichtung nicht anders, wie ich zeitverzögert erfuhr. Der Club hatte sich intensiv nach mir erkundigt. Weniger nach meinen fußballerischen Fähigkeiten, die Infos dazu gibt es frei Haus inzwischen in jeder Datenbank. Mein Ex-Trainer Robin Dutt und Mitspieler Sebastian Mielitz wurden eher nach weichen Faktoren wie Verhalten außerhalb des Spielfeldes oder Stinkstiefeltendenzen befragt. Mit für den Verein zufriedenstellenden Antworten, wie es scheint.

Der SC Freiburg übt sich fast schon traditionell in Demut, macht sich tendenziell eher etwas kleiner, als sich selbst zu überhöhen. Das wird zwar zunehmend schwierig bei anhaltenden Erfolgen. Bescheidene Zurückhaltung bleibt aber Teil der Club-DNA. Gleiches gilt für überpünktliche Bezahlung, ehrliche Kommunikation und weitgehende Skandalfreiheit ohne geifernde Lokalmedien. Die Hierarchie ist recht flach, jeder Neue kommt in ein funktionierendes Mannschaftskonstrukt und muss sich nicht hintanstellen oder jahrelang hochdienen. Werte werden nicht nur plakativ herausposaunt, sondern vorgelebt, nicht zuletzt vom Trainerteam. Das gilt auch für alle Mitarbeiterinnen und Mitarbeiter des Vereins, die familiäre Atmosphäre ist weit mehr als nur imagefördendes Marketing-Instrument. Als Team beschenken wir als Dankeschön seit Jahren die Angestellten, vom Busfahrer bis zu den Physiotherapeuten, zweimal im Jahr und lassen auf diese Weise alle Mitglieder des Staff am Erfolg teilhaben, das Mindeste, was wir tun können.

Diese Geste ist keineswegs berechnend, sondern ehrlich gemeint und für uns selbstverständlich. Ich lehne mich sogar noch weiter aus dem Fenster und behaupte (ohne Beweis aus Mangel an Beispielen): Sollte sich ein Jungprofi gegenüber einem SC-Mitarbeiter despektierlich oder abfällig verhalten, wird aus der Lang- recht schnell eine Kurzlebigkeit im Verein. Möglicherweise gönnen wir uns auch deshalb alle die jüngsten Erfolge gegenseitig, weil die Umgangsformen und das Miteinander die Basis für absolute Hingabe jedes Einzelnen sind.

Für seine langjährige Vorreiter-Funktion beim sozialen Engagement im Einzugsgebiet bekommt der SC Freiburg ebenfalls jede Menge zurück, vor allem Akzeptanz und Zuneigung. Lange vor grüner Regierungsbeteiligung und Energiekrise ließ der Club 1995 eine Solaranlage auf das Dach des Dreisamstadions installieren, als erster Bundesligist übrigens. Die neue Arena setzt mit einer eigenen Photovoltaikanlage, fast 4000 Fahrradständern, E-Zapfsäulen und vorbildlicher Anbindung an den öffentlichen Nahverkehr bundesweit Maßstäbe. Zudem animiert der SC nicht zuletzt Kinder mit eigenem Breitensportprogramm, der Achim-Stocker-Stiftung und dem Förderverein Freiburger Fußballschule zu mehr Bewegung in spielerischer Weise ohne Drill, Zwang und Schulnoten; vorbildlich, weil gesellschaftsrelevant. Nebenbei bemerkt: Auch viele Profis sind aktive Mitglieder in besagtem Förderverein, ohne dass dies in regionalen Rubriken explizit erwähnt werden muss. Einfach, weil es ihnen ein Bedürfnis ist und bereits lange bevor soziales Engagement flächendeckend Mode wurde. »Liebe« einzukaufen mit teuren Kampagnen, hatte der Verein noch nie nötig. Auch das ist ein Alleinstellungsmerkmal.

By the way: Außersportliche Investitionen lenken keineswegs vom Wesentlichen ab. Das ist und bleibt bei einem Sportverein mit professionellem Denken nun mal der Erfolg. Das gilt für alle Teams mit dem SC-Logo auf der Brust. Neben der Profimannschaft spielen auch die Frauen in der Bundesliga, die 2. Mannschaft wurde in der Saison 2022/23 bemerkenswerter Vizemeister der 3. Liga, und in fast allen Nachwuchsaltersklassen ist der SC höchstklassig vertreten. Dieses

Top-Niveau auf allen Ebenen sucht meines Wissens seinesgleichen in Deutschland, andernfalls lasse ich mich gern eines Besseren belehren.

Der SC Freiburg ist innerhalb der Stadt längst eine absolute Top-Adresse in vielen Belangen. Viele sind oder wären stolz, für den Verein arbeiten zu dürfen und Teil der Familie zu sein. Das gilt für uns Spieler gleichermaßen. Auch deshalb arbeiten wir sehr hart und weit mehr als die oft kolportierten 90 Minuten pro Trainingstag. Jeder weiß um seine Verantwortung für das Phänomen Freiburg.

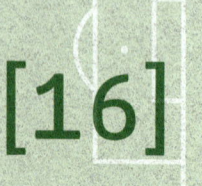

# [16] Erwartbare Enttäuschung

Gibt es eigentlich irgendeinen Menschen auf der Welt, der »Warten« als Hobby oder ausgeprägte Stärke bezeichnet? Ich zumindest kenne niemanden. Und doch ist man als Profifußballer gut beraten, genau das zu können und sich in Geduld zu üben. Denn gewartet habe ich in meiner aktiven Laufbahn mehr als genug.

Im Prinzip wird rund um die Uhr gewartet: im Trainingslager auf die nächste Einheit oder die bevorstehende Mahlzeit; vor Vertragsende auf Angebote des aktuellen Arbeitgebers oder eines anderen Interessenten; gern auch mal auf ein Zeichen des Trainers, auf die perfekte Flanke oder die Freigabe des Arztes nach Verletzung und Reha. Oder in meinem Fall: auf Einwechslung. Warten ist nie angenehm, weil es eine passive Tätigkeit ist, die damit verbundene Untätigkeit offenbart einem die Abhängigkeit von oder das Angewiesensein auf Vorgesetzte oder sonstige Entscheidungsträger.

Schon angesichts meiner statistischen Karriere-Daten kann ich mit Fug und Recht behaupten, in Sachen »Warten« ziemlich weit vorn mitzuspielen – notgedrungen und sicher nicht gänzlich freiwillig, wenn man zum Beispiel auf der Ersatzbank Platz nimmt und fieberhaft darauf hofft, endlich von der Leine gelassen und eingewechselt zu werden, manchmal für nur noch wenige Minuten, als Stürmer nicht selten bei misslichen Zwischenresultaten. Diese kurze Einsatzzeit dann als Chance zu begreifen und bestenfalls zu nutzen, nicht bockig zu sein, sondern hochmotiviert, tatsächlich Impulse zu setzen gegen müde Kontrahenten – all das will gelernt sein. Das ist mir in Summe wohl recht ordentlich gelungen, immerhin hat bisher kein Bundesligaspieler mehr als 34 Tore von der Bank kommend erzielt. Ausgerechnet in meiner Abschiedssaison musste ich in der Meisterschaft bis zum 33. Spieltag auf ein Erfolgserlebnis warten, was bei den 255 Einsatzminuten zwar keine Schande ist, den Entschluss zum Karriereende aber eher beschleunigte als verzögerte. Dennoch steht ein stattlicher Rekord zu Buche, den ich aber gern gegen mehr Einsätze von Beginn an eingetauscht hätte. Denn fest steht auch: Jeder Profi will möglichst auf dem Rasen stehen, wenn die Hymne ertönt, ob National-, Champions League- oder Vereinshymne. Unter den Auserwählten der Startelf zu sein, ist und bleibt ein unbeschreibliches Hochgefühl, das keine Einwechslung toppen kann, egal wie herzlich der Empfang dann auch sein mag.

Noch frustrierender als das Warten auf die erhoffte Einwechslung ist jedoch, zwar auf der Bank zu sitzen, sich dann aber unverrichteter Dinge wieder umzuziehen – brutal hart, vor allem für den Kopf. Auch wenn es jeden einmal trifft, alle Spieler wichtig sind und im Saisonverlauf gebraucht werden … und was es da sonst noch an relativierenden Floskeln gibt – es nervt einfach, »ohne Einsatz im Kader« zu sein. Ist mir immerhin satte 78-mal »passiert«, und ich hätte jedes Mal ausrasten können. Es wäre mir oft lieber gewesen, ganz aus dem Aufgebot gestrichen worden zu sein und somit Zerstreuung an einem zwangsspielfreien Wochenende zu suchen. Alles besser, als keinen Beitrag leisten zu dürfen. Das mag hier so dahingesagt sein. Aber zu emotional ist das Einlaufen in eine riesige Arena samt Hymne mit Gänsehautgarantie, und immer, wenn ich auf der noch so gemütlichen Couch einem Spiel meiner Mannschaft zuschauen musste, habe ich trotz Nichtstuns geschwitzt, weil es mich unfassbare Energie gekostet hat, nur Zuschauer und nicht vor Ort zu sein.

Generell schult das Dasein eines Profifußballers permanent den Umgang mit Geduld, aber auch mit Enttäuschungen. Deshalb wollte ich nie auf hohem Niveau jammern. Aber Ernüchterungen gehören zum festen Bestandteil unseres Alltags. Ich behaupte sogar: Die Extreme »Enttäuschung« auf der einen und »Glücksgefühl« auf der anderen Seite halten sich numerisch im Verlauf der aktiven Karriere nicht unbedingt die Waage. Bestenfalls können die unvergesslich schönen Momente in ihrer Seltenheit die vielen frustrierenden aufwiegen, weil sie deutlich intensiver sind und jeder noch lange davon zehrt. Die Momente der Desillusionierung sind allerdings weitaus zahlreicher, sei es die vergebliche Hoffnung auf einen Sieg, auf das eigene Erfolgserlebnis namens Tor, eine Einwechslung, Auswahlberufung oder Startelfnominierung – allzu oft gilt es, eingepreiste Ernüchterungen zu verarbeiten, sie sich nicht anmerken zu lassen und bestenfalls daraus Motivation zu ziehen für noch mehr Vollgas im Training, auch wenn man augenscheinlich kaum eine Rolle spielt bei den Überlegungen des Trainerteams das nächste Spiel betreffend. Dann wird eben gewartet. Mal wieder.

Zu den äußerlichen Aufräumarbeiten mentaler Art gesellen sich gern die innerlichen, auf einem psychologischen Spielfeld abseits meines Wohlfühlsektors Strafraum: Ob es kleinere Feuer zu löschen gilt in der Kabine, Überschriften in Interviews ärgerlich aus dem Kontext gerissen sind oder Verletzungen zu Frustration führen: Persönliche Enttäuschungen lauern überall. Wer sich davon nicht runterziehen lässt, sondern aus ihnen Stärke ziehen kann, der scheint gewappnet, auch für die Zeit nach der aktiven Laufbahn. Profifußball taugt in vielerlei Hinsicht als Schule fürs Leben.

Meine persönlichen »Höhepunkte« an sportlichen Enttäuschungen ohne Anspruch auf Vollständigkeit und Reihenfolge habe ich klar vor Augen: Der brutal bittere Abstieg mit dem SC Freiburg aus der Bundesliga 2015 und das verlorene DFB-Pokalfinale 2022, der verschossene Elfmeter im olympischen Finale 2016, das Elfmeterdrama beim »Finale Dahoam« 2012 und die Halbfinalniederlage mit Energie Cottbus beim MSV Duisburg im DFB-Pokal 2011. Es gab weitere Abstiege und böse Relegations- oder Finalniederlagen, aber die eben genannten

20 Den Ernst des Lebens gibt es auch bei der schönsten Nebensache der Welt.

Partien kamen mir als Erstes in den Sinn. Mit entsprechendem Abstand heilen die Wunden bekanntlich, und der sofortige Wiederaufstieg mit dem Freiburger Team 2016 entschädigte uns alle fast vollständig für den Schmerz im Jahr zuvor. Aber die Narben bleiben
spürbar. Und jede noch so herbe Enttäuschung hat das Potential zur
Entwicklung der Persönlichkeit und des Charakters, wenn Kanalisie-
rung und Einordnung halbwegs gelingen.

# [17] Prüfungsstress

Der Bundesliga-Fußball wird von Saison zu Saison aufs Neue gepusht, mancher Spieler erreicht gar den Status eines Superstars, ein bisschen wie ein Held in Strumpfhosen, die sich allerdings Stutzen nennen. Zweifellos haben die immer professionellere Vermarktung und die mediale Rundum-Begleitung mit all ihren mehr oder weniger glamourösen Facetten enorm dazu beigetragen, dass die Stadien aus allen Nähten platzen und Fußball die nach wie vor mit Abstand populärste Sportart hierzulande ist. Fast könnte man meinen, beim Einlaufen der Kicker in die Arenen des Landes zum Triumphmarsch der Vereinshymnen handele es sich um moderne Gladiatoren. Nur dass es heute nicht mehr um Leben und Tod geht, wie im alten Rom, und die Protagonisten freiwillig und gern aus den Katakomben ins Licht treten. Vor mehreren zehntausend Zuschauern Fußball spielen zu dürfen, war jedenfalls immer etwas ganz Besonderes für mich, ein Glücksgefühl, das nie zur Routine wurde. Man kommt sich wie ein Auserwählter vor, die Einlaufkinder schauen zu uns auf und nehmen stolz unsere Hände, wir betreten den heiligen Rasen und unzählige Kameras, Smartphones und Blicke sind auf dich gerichtet – selbstverständlich nicht nur allein auf mich, aber es fühlte sich immer so an.

Auch nach vielen Spielzeiten im »Fußball-Zirkus« kann ich mit Fug und Recht behaupten: Das kribbelnde Lampenfieber, die positive Anspannung, die hilfreiche Nervosität samt diverser Toilettengänge vor Anpfiff sind niemals wirklich abgeklungen, vielmehr dauerhafter Antrieb für die Schinderei zwischen den Spieltagen. Wer es einmal erlebt hat, vor ausverkauftem Haus den Innenraum zu betreten und die

21 Tunnelblick: In den Katakomben herrschen stets Anspannung, Nervosität, aber auch Vorfreude.

Explosion der Emotionen beim Siegtor im Epizentrum des eigenen Teams zu genießen, der läuft Gefahr, süchtig danach zu werden. Es gibt einfach nichts Schöneres im Sport, als gemeinsam Erfolg zu haben und damit die Bestätigung, Anerkennung und den Lohn für harte Arbeit einzuheimsen. Dennoch war es Woche für Woche auch eine Art Prüfung, auf die man sich unentwegt vorbereitet. Oft fühlte ich mich bestens präpariert, manchmal aber auch weniger gewappnet für die anstehende Aufgabe. Man konnte bravourös bestehen, gewinnen und feiern, aber eben auch durchfallen und das Gesicht für die Niederlage sein.

Ich brauchte lange, um mit Aufmerksamkeit und Rampenlicht einigermaßen entspannt umzugehen. Dabei ist es hilfreich, irgendwann einfach auszublenden, wie viele Leute dir zuschauen und was womöglich auf dem Spiel steht. Dass die angereiste Familie auf der Tribüne mitunter vergebens die Daumen drückt, hunderte Fans zu Auswärtsspielen pilgern und all ihr Geld nebst Freizeit opfern, oder Millionen Menschen das Interview nach Abpfiff sehen, führt man sich klugerweise nicht permanent vor Augen, sonst droht Lähmungsgefahr. Wenn man sich als Fußballer die immense Reich- und Tragweite, die Verantwortung für Vereinsangestellte oder gar für die Existenz des Clubs einmal auf der Zunge zergehen lässt, sind weiche Knie eher logisch als selten.

Dabei gibt es durchaus Unterschiede, und persönlicher Druck resultiert nicht aus der Anzahl der Stadionbesucher, eher im Gegenteil: In Dortmund zum Beispiel ist die berüchtigte Südtribüne mit ihren knapp 25 000 Fans in Schwarz-Gelb beeindruckend, laut und respekteinflößend, aber für Gastmannschaften eher eine anonyme und gesichtslose Menschenmenge. Ich kenne dort niemanden persönlich, zumindest nicht dass ich wüsste. Das ist in Freiburg naturgemäß anders, war es in Jena, Cottbus, München und Bremen ebenso. Dort saßen oder standen regelmäßig meine Frau, oft die Eltern, Großeltern, Freunde, Bekannte und Nachbarn im Stadion. Ihnen gegenüber fühlte ich mich merkwürdig rechenschaftspflichtig, wenn es nicht wie erhofft lief oder sie sogar enttäuscht waren. Schlimmstenfalls kamen vor allem meinetwegen Leute ins Stadion, und ich konnte vielleicht nur wenige Minuten erfolglos mitwirken. Das empfand ich für die Angereisten schlimmer als für mich selbst, denn meine Rolle im Team kannte ich zur Genüge, aber eben auch die Erwartung meiner familiären Fangemeinde, dass ich doch gefälligst immer spielen und noch häufiger treffen sollte. Das gelang bei weitem nicht immer und rief schon mal ein spürbares Schamgefühl hervor, als würde der größte Sido-Fan aller Zeiten quer durch die Republik zum Konzert fahren, und der Rapper käme erst zur Zugabe auf die Bühne. Wenn er dann auch noch einen schlechten Tag erwischt und seinen Text versemmelt so wie ich eine Chance, dann gibt es Front of Stage schon mal lange Gesichter. Insofern haben wir Fußballer den permanenten Prüfungsstress keineswegs exklusiv.

# [18]

# Finalstolz
# trotz Titelphobie

Um nicht versehentlich missverstanden zu werden, betone ich es lieber gleich vorneweg: Es gibt nichts Schöneres, als mit seinem Team Siege zu feiern – und Titel zu holen. Schließlich ist Fußball ein Mannschaftssport, und es geht auf Top-Niveau letztlich immer und ausschließlich darum, mit möglichst maximaler Leistung das Optimum zu erreichen, also Trophäen zu holen. Da es jedoch bekanntlich hunderttausende aktive Kicker in Deutschland gibt, ist der Gewinn nationaler Titel nur wenigen vorbehalten.

Am Ende meiner 16-jährigen Profikarriere könnte ich meinen durchaus geräumigen Flur mit zweiten Plätzen beinahe vollständig tapezieren und mit Silbermedaillen einen eigenen Stand auf dem Markt betreiben. Zwei Endspielniederlagen im DFB-Pokal, eine Finalpleite bei Olympia, das Elfmeterdrama beim Champions-League-Finale »Dahoam«, die Vize-Meisterschaft mit den Bayern 2012 und zweite Plätze in der Torjägerliste 2017/18 und bei der Wahl zu Deutschlands Fußballer des Jahres 2018 stehen in der nunmehr abgerundeten Vita. Das persönliche Ranking lässt keinen Interpretationsspielraum. In meinem Bayern-Jahr waren meine Aktien an drei knapp verpassten Titeln überschaubar und die zweiten Plätze bei den Einzel-Ehrungen das Höchste der Gefühle.

Bleiben also als bedauerlich verpasste Gold-Chancen nur die Olympischen Spiele in Rio und das emotionalste und einschneidendste Erlebnis meiner gesamten Laufbahn: das DFB-Pokalfinale 2022 in Berlin. Noch Monate später verursachen die Erinnerungen an jenen Abend des

22 Reifeprüfung für den SC Freiburg und seine Fans. Der unvergessliche Moment vor dem Fanblock nach der Finalniederlage im Elfmeterschießen.

21. Mai Gänsehaut pur. Enttäuschung und Stolz, die sich fast die Waage halten. Natürlich waren wir alle frustriert und untröstlich, diese einmalige Gelegenheit auf den ersten nationalen Titelgewinn der Clubgeschichte nach 1:0-Führung und in Überzahl nicht ins Ziel gebracht und bei der Lotterie Elfmeterschießen gegen RB Leipzig das Nachsehen gehabt zu haben. Was uns als Mannschaft, als Verein, jedem Einzelnen nach Abpfiff in diesem riesigen Kessel jedoch an Sympathien entgegenschwappte, verschlug den meisten von uns schlicht die Sprache.

Minutenlang standen wir kollektiv vor dem Meer in Weiß-Rot und applaudierten gedankenverloren diesen tollen Fans, die zu Zehntausenden in die Hauptstadt gereist waren und ein friedliches Fußballfest mitten in Berlin feierten. Den ganzen Tag lang hatten wir immer neue Videos von der Invasion aus Südbaden auf den zentralen Plätzen der Stadt bekommen, von vorfreudigen und euphorisierten Menschen, die viele Strapazen auf sich genommen und vermutlich noch mehr Geld ausgegeben hatten, um bei diesem für den SC historischen Ereignis hautnah dabei zu sein. Vor allem diesen Anhängern, unzählige mit der gesamten Familie vor Ort, hätten wir so gern den Pokal geschenkt und symbolisch mit auf die Heimreise gegeben. Doch trotz der dramatischen Niederlage gab es keinen einzigen Vorwurf aus dem Block, keine Schuldzuweisung, keine Fehleranalyse, sondern einfach nur Anerkennung, Trost und Aufmunterung. Unsere Mannschaft wurde gefeiert statt gescholten. Wahnsinn, wie sich der SC Freiburg an diesem Tag ganz Deutschland präsentiert hat. Nicht mehr als der kleine, mitunter belächelte Club aus dem Südwesten der Republik, der wie David gegen Goliath kämpft und in seiner Außenseiterrolle gefangen ist. Im Gegenteil. Mit breiter Brust, gesundem Selbstwertgefühl und wirklicher Größe in der Niederlage haben wir gemeinsam auf dem Platz und auf den Rängen unmissverständlich gezeigt: Seht her, wir sind der SC Freiburg! Mehr als ein Verein. Wir gewinnen zusammen und wir verlieren zusammen – stets erhobenen Hauptes.

Noch immer kann ich kaum in Worte fassen, wie nah uns diese Gewissheit an diesem denkwürdigen Endspiel-Abend ging. Denn nie zuvor habe ich so sehr gespürt und quer durch unsere erschöpften Reihen wahrgenommen: Gewinnen ist einfach. Jubeln kann jeder, doch mit Würde zu verlieren und dem Gegner Respekt zu zollen, will gelernt sein. Das Wechselbad der Gefühle zwischen Trauer und Stolz hat uns als Mannschaft noch enger zusammengeschweißt. Noch in der Kabine des altehrwürdigen Olympiastadions haben wir uns geschworen: Hier wollen wir wieder hin.

Das sah im DFB-Pokalwettbewerb der Saison 2022/23 bis ins Halbfinale auch ganz danach aus, zumal uns mit dem Last Minute-Coup in der Münchener Allianz-Arena beim 1:2-Auswärtssieg im Viertelfinale Historisches gelungen war. Die Runde der letzten Vier war dann jedoch Endstation, weil RB Leipzig in unserem Wohnzimmer in der Neuauflage des Endspiels von 2022 beim gnadenlos effektiven 1:5-Erfolg einen Sahnetag erwischt hatte. Geschnuppert hatten wir immerhin am zweiten Berlin-Trip in Folge.

All das war weder Zufall noch Überraschung, sondern das Ergebnis unserer Entwicklung seit dem direkten Wiederaufstieg in die

1. Bundesliga 2016. Mit dankbarer Demut, harter Arbeit und zielstrebigem Ehrgeiz geben wir uns nicht mehr mit Minimalzielen zufrieden. Der SC Freiburg hatte in der Saison 2021/22 mit der Qualifikation für die UEFA Europa League und der Endspielteilnahme im DFB-Pokal einige Stufen hinauf zur ganz großen Fußballbühne erklommen, wir als Truppe mit dem gesamten Trainerteam und den Fans als Rückendeckung durften und mussten uns seitdem neue Ziele setzen. Prompt konnte unsere Mannschaft das Erreichte in meiner letzten Saison 2022/23 eindrucksvoll bestätigen mit Bundesliga-Tabellenplatz 5 samt erneuter Qualifikation für die UEFA Europa League. Deshalb war die bittere Niederlage von Berlin rückblickend vielleicht sogar hilfreicher für uns alle als ein Dusel-Sieg mit selbstgefälliger Zufriedenheit im Club-Lager. (Aber klar, man kann sich verpasste Titel auch schönreden …)

Es bleibt also zu konstatieren: Einen nationalen Titel habe ich nicht gewonnen mit einer Mannschaft, der übliche Queen-Song »We Are the Champions« kam mir folglich nicht allzu häufig über die schmalen Lippen. Allerdings schäme ich mich nicht dafür. Vielleicht frage ich einmal bei Bernd Schneider in meiner alten Heimat Jena nach, ob es sich »unvollendet« anfühlt nach Karriereende, wenn man mehrfach nah dran war und trotzdem nie den Siegerpokal in die Höhe recken durfte. Der »Schnix« wurde 2002 in nur wenigen Wochen viermal Vize: in der Bundesliga, im Pokal, in der Champions League und bei der Weltmeisterschaft. Was aber auch titellos zählt nach seiner langen, erfolgreichen Laufbahn mit mehr als 80 Länderspielen: Der Edel-Techniker gehörte zweifellos zu den besten Mittelfeldspielern der Welt, blieb stets bescheiden und ist vermutlich auch Jahre nach seiner aktiven Zeit jederzeit gern gesehener Gast bei Bayer Leverkusen; munkelt man. Wenn auch ich dem SC Freiburg später in guter Erinnerung bleibe, dann ist das mehr wert als die eine oder andere Trophäe, von der nur ein Duplikat in der Vereinsvitrine verbleibt, weil das Original im Jahr darauf in aller Regel wieder den Besitzer wechselt.

Übrigens hatte ich die schönsten Sausen meines sportlichen Lebens stets nach Niederlagen. Ob in Brasilien, Berlin oder nach einer simplen Zweitliganiederlage gegen Bochum – ich erinnere mich zu gern zurück, wie wir uns die Schmach mit der einen oder anderen Mischung schöngetrunken und im Morgengrauen als gefühlte Sieger das olympische Dorf oder das Mannschaftshotel erreicht haben.

Dass wir uns nach dem Pokalfinale 2022 vor dem Winterer-Foyer des Freiburger Theaters (wegen Bauarbeiten am Rathausbalkon) einer riesigen Menschenmenge präsentieren und unsere Unterschriften ins Goldene Buch der Stadt setzen durften, war Lohn trotz nicht ganz perfekt verrichteter Arbeit. Auch unerfüllt kann man zufrieden sein, wenn man seine Leistung mit absoluter Hingabe erbracht und alles aus sich herausgeholt hat.

# Family & Friends

Im täglichen Coolness-Contest zwischen Bundesligakollegen ist das Thema familiäre Rückendeckung nicht gerade der häufigste Diskussionsstoff. Zumindest habe ich in all den Jahren nicht sonderlich oft in der Kabine vernommen, dass sich der Bank-Nachbar über den Anruf der Mutter gefreut oder die kritische Sichtweise des Vaters vor der Mannschaft ausgebreitet hat, weil das vermutlich als unpassend ausgelegt und belächelt worden wäre. Ich für meinen Teil kann allerdings mit Fug und Recht behaupten, dass der Austausch mit Eltern, Oma, Schwester und natürlich meiner Frau zu jedem Zeitpunkt meiner sportlichen Laufbahn elementar wichtig und das Fundament für meinen Erfolg war. Ohne das unerschütterliche Vertrauen der Angehörigen hätte ich es niemals so weit gebracht.

Dabei waren die Rollen meist klar verteilt: Meine große Schwester Norma hat mich oft genug aufgebaut oder meine Zuspieler kritisiert, wenn ich mal wieder Mist zusammengekickt hatte. Der Herr Papa übernahm eher den fachlich-kritischen Part als erfahrener Trainer, und meine Mutter hätte mich genauso liebgehabt, wäre ich komplett unsportlich und talentfrei gewesen. Bis zum letzten Spiel mit Mitte 30 war ich stolz darauf zu wissen, dass das Frauenpower-Quartett bestehend aus Oma, Mutter, Schwester und deren Frau gemeinsam und beschalt die SC-Begegnungen am heimischen Bildschirm verfolgte und dabei sehr wahrscheinlich mit der rosaroten Nils-Petersen-Brille meine Einwechselung vehement gefordert oder Tore frenetisch bejubelt hat.

23 Wenn der Vater mit dem Sohne: Papa Andreas hatte im direkten Vergleich als Trainer von Germania Halberstadt im DFB-Pokal 2017 gegen Freiburg nach meinem Führungstor mit 1:2 das Nachsehen. Er hat es mir längst verziehen.

Ein gutes Gefühl, obwohl ich naturgemäß nie in dieser verkappten Sport1-Doppelpass-Parodie saß, aber zu gern dort einmal Mäuschen gewesen wäre. Mit den Jahren entwickelte es sich zum Ritual, dass ich am Tag nach unseren Spielen die komplette Familie anrief – alle nacheinander und ohne Ausnahme. Gewohnheiten, die mir Halt gaben.

Der beste Rückhalt aller Zeiten ist jedoch: meine Frau. Carla wusste immer sehr genau, wie sie je nach Stimmungslage mit mir umgehen muss: In Ruhe lassen, trösten, ablenken, zum Lachen bringen – bei jeder Laune, abhängig von der eigenen Leistung, bewies sie bemerkenswerte Einfühlsamkeit. Ihr Gespür hat so manche Selbstzweifel zerstreut, und oft genug hat sie mir aufgezeigt, dass es Wichtigeres gibt als verlorene Spiele oder vergebene Torchancen. Bevor sie in mein Leben trat, bestand mein Sonntag nach dem Auslaufen nicht selten aus Ganztagstheorie zum Thema Fußball: Konferenz der Konkurrenz anschauen, sämtliche Ligen durchforsten, Wiederholungen anschauen, Einzelkritiken studieren, über künftige Einsatzchancen grübeln – das grenzte oft genug an Selbstzerfleischung. Erst Carla machte die freien Wochenendtage zu dem, was sie sein sollten: Aktive Erholung, sowohl körperlich als auch geistig. Und tatsächlich kommt man bei einer Fahrradtour durch das Dreisamtal auf andere Gedanken, bei einem Abstecher zu fußballfreien Freunden, beim gemeinsamen Kochen. Eine gesunde Distanz zum Berufshobby kann auf jeden Fall befreiend wirken. Ab und an habe ich mir sonntags dennoch ein nationales Topspiel angeschaut, aber dann war ich halt am Nachmittag der Kuchenbeauftragte oder habe auf der Couch Müdigkeitserscheinungen vorgetäuscht.

In die Liste der Dauerbegleiter seit Laufbahnstart gehört zweifellos auch mein bester Freund und Trauzeuge Christoph. Seine Meinung war mir immer heilig, auch weil er selbst aktiv Fußball spielt und das oft erprobte Talent besitzt, mir Selbstbewusstsein einzuimpfen – verbal versteht sich. So auch vor meinem endgültigen Wechsel nach Freiburg zum damaligen Zweitligisten. Fast hatte ich das Gefühl, mich für diesen gewagten Schritt aus der Bundesliga (hoffentlich nur vorübergehend) eine Etage tiefer rechtfertigen zu müssen. Als ich jedoch zu meinem Kumpel kam und ihm das beichten wollte, hatte er sich bereits grinsend ein SC-Trikot und eine Kapitänsbinde zurechtgelegt und freute sich wie Bolle über meine Entscheidung. Mir fiel ein Stein vom Herzen, und spätestens in diesem besonderen Moment wusste ich: Und wie man es macht, macht man es manchmal sogar richtig ...

Vor jedem Spiel erhielt ich stets gut und gerne 15 Glücks-Nachrichten auf mein Handy. Woche für Woche haben sich Freunde und

Bekannte die Mühe gemacht, mir aufmunternde Worte mit auf den Weg zu geben. Das war manchmal auch anstrengend, aber es hat mir unglaublich viel bedeutet. Nach besonderen Spielen oder erzielten Toren kamen manchmal an die 70 Nachrichten zusammen. Und es war mir immer, zu jeder Zeit, ein Bedürfnis, jede einzelne Nachricht zu beantworten. Mag man diese Art der Kontaktpflege auch als oberflächlich abtun, ich habe dadurch meine tiefste Dankbarkeit ausdrücken wollen (was manchmal sogar Nachtschichten am Smartphone mit sich brachte); und ich hoffe, dass es auch so rübergekommen ist.

Auch wenn ich für Kritik immer offen und dankbar war, gern auch in der Disco am Abend nach unseren Spielen verpasste Torchancen im Minutentakt auswerten sollte und durchaus verstand, dass unsereins je nach Ergebnis entweder herzlich umarmt oder eben schief angesehen wurde, blieb die Treue von Family & Friends immer meine wichtigste Rückendeckung. Dieses Vertrauen brauchte ich und hat mich stets mit Stolz erfüllt. Ihnen allen habe ich enorm viel zu verdanken, so viele Tore als Gegenleistung konnte ich gar nicht schießen.

# [20] Kollegialer Wettstreit

Profifußball gilt landläufig als knallhartes Business, eine unerbittliche Ellbogengesellschaft. Nur die Stärksten setzen sich durch, natürliche Auslese so wie in der Evolutionstheorie. Nur dass in der Bundesliga niemand ausstirbt bei fehlender Anpassungsfähigkeit, sondern höchstens auf Bank oder Tribüne Platz nehmen muss. Es gibt bestimmt schwerere Schicksale.

Klar ist meist: Konkurrenz belebt das Geschäft, vermutlich vor allem, weil der Mensch als solcher eher genügsam daherkommt. Deshalb braucht es beinahe gleichwertigen Ersatz, sobald sich jemand zurücklehnt, allzu schnell mit dem Erreichten zufrieden ist oder in seiner Leistung nachlässt – etwaige Verletzungen noch nicht mit eingepreist. Dann nämlich scharrt bereits der Nächste mit den Hufen, macht einem den Stammplatz streitig, sitzt bei ordentlichen Leistungen fortan sinnbildlich am wohlschmeckenden Fleischtopf und man wird schnell vergessen, Erfolg vorausgesetzt. Nach jeder Transferphase habe ich meine neuen Konkurrenten wie ein Detektiv beobachtet. Die Angst, dass mir jemand den Rang ablaufen könnte, war allgegenwärtig.

Es soll mal Zeiten gegeben haben, als sich Fußballprofis mitunter sogar vorsätzlich ihren Platz in der Startelf durch allzu hartes Einsteigen im Training erarbeitet haben, etwa durch Inkaufnahme einer Verletzung des Positionskonkurrenten. Ich kann und will das nicht ausschließen, bewusst erlebt habe ich das allerdings nie. Vielleicht auch, weil die Zeiten üppiger Auflaufprämien längst vorbei sind, wenigstens in Freiburg. Damals, während meiner Anfänge in Cottbus zum Beispiel, gab es allein für die Nominierung in die erste Elf noch stolze Summen zu verdienen. Wer also in der Vorwoche abgeliefert hatte, auch im Training überzeugte und schließlich bei Anpfiff auf dem Rasen stand, wurde schon mal honoriert – auch wenn das Spiel letztlich verloren ging. Selbst bei Misserfolg war somit eine erkleckliche Summe fällig, was manchem Vereinsboss bei der Ausschüttung dann wohl doch ein wenig Bauchschmerzen bereitete. Inzwischen kenne ich persönlich nur noch Erfolgsprämien, also Kohle für Zählbares – Remis oder Sieg halt, Aufstiegs- und Nichtabstiegsprämien natürlich ebenfalls, sodann Boni für weitere Pokalrunden oder das Erreichen des internationalen Wettbewerbs, was auch Sinn macht. Und weil das gesamte Aufgebot preislich gestaffelt partizipiert, lohnt neben den Stammplätzen allein schon der tägliche Kampf um die inzwischen 20 Plätze auf dem Spielberichtsbogen, auch wenn meist nur eine Einwechslung entlohnt wird und 90 Minuten Bank einfach nur Lehrgeld bedeuten. Da sämtliche Bundesliga-Kader gemeinhin 30 Profis oder mehr umfassen, sind Nominierungen schwer genug zu erreichen, was idealerweise für maximale Bereitschaft in jeder Trainingseinheit sorgt. Wer sich hängen lässt oder sich Formschwächen leistet, ist halt raus. Pech gehabt! Für Gefühlsduseleien, Sympathien oder die Anrechnung vergangener Verdienste haben die Trainer wenig bis gar keinen Spielraum angesichts der immer ausgeglicheneren Leistungsdichte.

Sicher ist: Jeder möchte spielen, seinen Beitrag zum Erfolg leisten, bestenfalls bejubelt werden, das Salär steht dabei gewiss nicht im Vordergrund. Auch bei Niederlagen verhungert heutzutage kein Bundesligaspieler. Es geht eher um andere Faktoren: Marktwert, Anerkennung, Standing, Stolz, Ehrgeiz. Kein Leistungssportler dieser Welt begnügt sich auf die Dauer mit hoher Trainingsintensität, Quälerei und Schmerzen, um ausgerechnet beim Wettkampf tatenlos zuzuschauen. Im Mannschaftssport gibt es aber genau diese Fälle zuhauf, Woche für Woche. Ich kann ein Lied davon singen. Jeder Fußballer ist gut beraten, sich in den Dienst des Teams zu stellen und auf seine Chance zu warten. Sie kommt. Bei manchen früher, bei anderen später.

Zum Glück habe ich beizeiten begriffen, dass der unmittelbare Konkurrent auf der Lieblingsposition nicht schuld daran war, wenn ich selbst nicht zum Zuge kam. Dem Kabinennachbarn böse zu sein, weil er womöglich den Vorzug erhalten hat, ist folglich unsinnig und wenig zielführend. Vermutlich hat mich diese wichtige Erkenntnis bereits in jungen Jahren ereilt und fortan begleitet. Deshalb darf ich nun nach Erreichen des fußballerischen Vorruhestandes ein wenig unbescheiden behaupten: Es dürfte nicht viele fairere Mitspieler im jahrelangen Konkurrenzkampf gegeben haben als mich. Denn ich wusste: Mein Sturm-Kollege hat seine Startelfnominierung vom Übungsleiter

24 Jubiläum: Am 2. April 2022 gelang mein 100. Pflichtspieltor für den SC Freiburg 17 Sekunden nach Einwechslung zum zwischenzeitlichen 1:1 gegen den FC Bayern München (Endstand 1:4). Kollege und Konkurrent Lucas Höler und Christian Günter freuen sich kurzzeitig.

nicht etwa einer Portion Eier frisch vom Bauern zu verdanken, sondern vermutlich seiner Leistung, oder den vielschichtigen Überlegungen des Trainers, der mit seinem Einsatz größere Erfolgsaussichten annahm und mich daher zunächst auf die Bank beorderte. Das fand ich wahrlich nicht immer sonderlich lustig und manchmal auch schwer nachzuvollziehen. Aber der favorisierte Kollege konnte halt nichts dafür, meinen Unmut an ihm auszulassen, wäre folglich verschwendete Energie gewesen.

Allerdings gebe ich gern zu, nach Bekanntgabe der Mannschaftsaufstellung ohne Berücksichtigung nicht immer besonders toller Verlierer gewesen zu sein. Zwar galt es dann, möglichst cool zu wirken und den Schein von Friede, Freude, Eierkuchen zu wahren. Aber mitunter brodelte es doch im Innern, und Psychospielchen hatte ich durchaus auch in meinem Repertoire: den Übungsleiter geflissentlich ignorieren, mit Blicken »töten« oder den Frust mit demonstrativer Lustlosigkeit kundtun, kam in unregelmäßigen Abständen schon mal vor im Eifer des Gefechts. Gänzlich frei von Emotionen war ich naturgemäß auch nicht. Ziemlich schnell meldete sich dann aber das schlechte Gewissen. Mit Charmeoffensive, engagierten Trainingsleistungen und positiver Ausstrahlung galt es zeitnah, wieder die gewohnte und zu mir passende Rolle einzunehmen.

Mit dieser Einsicht konzentrierte ich mich stets darauf, die Nebenleute bestmöglich zu unterstützen, ihnen den Rücken zu stärken, Tipps zu geben, mich für sie zu freuen und nicht etwa schadenfroh auf Fehlschüsse zu hoffen. Es waren Schwergewichte aus der Mittelstürmergilde, mit denen ich mich im eigenen Team messen oder von ihnen lernen durfte: von Emil Jula bis Mario Gómez, von Davie Selke bis Florian Niederlechner, von Ivica Olić bis Franco Di Santo, von Sándor Torghelle bis Luca Waldschmidt, von Sergiu Radu bis Michael Gregoritsch. Mit ausnahmslos allen hatte ich ein sehr kollegiales Verhältnis und stehe mit einigen von ihnen noch immer in regelmäßigem Kontakt.

Auch im Rückblick steht der Teamgedanke weit über persönlichen Befindlichkeiten, deshalb konnte man mir wohl diesbezüglich nie wirklich etwas nachsagen, zumindest nichts Schlechtes beim Platznehmen auf der Auswechselbank. Respekt den Mitspielern gegenüber war für mich immer selbstverständlich und die Basis für jedes Wir-Gefühl. Mitspieler, Trainer und sogar Fans haben das Zurückstellen der eigenen Interessen hinter denen der Mannschaft stets zu schätzen gewusst. Die spürbare Anerkennung, ein geschätzter und angenehmer Teamplayer zu sein, war dafür Lohn genug im kollegialen Wettstreit.

# [21] Ohne Fleiß kein Preis

Meine Kopfnoten in der Schule waren selten mustergültig. Vor allem beim »Betragen« reichte es kaum für Top-Werte. Allerdings war ich als Steppke durchaus fleißig. Weder bei schulischen Hausaufgaben noch beim anschließenden Training ließ ich allzu viel anbrennen. Mit dem Ende der Pubertät schlich sich jedoch zunächst ein gewisser Schlendrian ein. Es ging mitunter eben auch mit halber Kraft, und konditionell war ich bei entsprechenden Einheiten trotz gelegentlicher Genusszigarette immer im vorderen Drittel dabei. Warum also jugendliche Nachlässigkeiten ablegen, wenn die Leistung trotzdem stimmt?

Verbissenen Ehrgeiz entwickelte ich aber immer dann, wenn ein Großteil der Mitspieler gegen Ende des Trainings bereits in den Feierabend-Modus schaltete. Bei den obligatorischen Abschlüssen mit Flanken und Torschüssen war ich stets in meinem Element. Während mancher Kollege nur darauf bedacht war, den Team-Contest nicht zu verlieren und damit nerviges Materialschleppen als Strafe zu umgehen, nutzte ich ganz bewusst und fokussiert jede Gelegenheit zur Torerzielung. Volley, Dropkick, Vollspann, Innenseite, Kopf, rechts, links – die Bälle mussten ins Netz, mit aller Entschlossenheit. So erwarb ich mir über viele Jahre hinweg Sicherheit und eine Selbstverständlichkeit beim Verwerten von Vorlagen aus allen erdenklichen Positionen und Situationen. In Millisekunden versuchte ich zu entscheiden, mit welchem Körperteil das Tor am einfachsten zu treffen ist, ob ein zweiter Kontakt Sinn macht oder Zeit dafür bleibt. Am wichtigsten und oft unterschätzt ist allerdings der erste Kontakt. Gelingt

25 Überstunden ohne abzubummeln.

der, erhöht sich die Wahrscheinlichkeit eines guten Abschlusses exorbitant.

Meine Zusatzschichten waren auch zwingend notwendig. Denn es gab kaum ein fußballspezifisches Segment, in dem ich wirklich überragend war. Weder wendiger Dribbelkönig noch ausgeprägter Sprinter, kein monströses Kopfballungeheuer und auch kein raffinierter Kunstschütze. Tatsächlich war ich bei keiner messbaren Eigenschaft jemals (Spiel-)Klassenbester. Folglich wusste ich beizeiten, dass ich bei anderen Parametern die Nase vorn haben musste, um im jährlichen »höher, schneller, weiter« von den nachwachsenden Top-Athleten nicht abgelöst zu werden: Wachsamkeit, Antizipation, Gedankenschnelligkeit, Einlaufverhalten. Ein halber Schritt, eine Zehntelsekunde entscheiden auf höchstem Niveau über Erfolg oder Misserfolg, über Sieg oder Niederlage, über Tor oder Rettungstat. Dazu gehört naturgemäß auch eine gewisse Spielintelligenz. Wenn man sich zentimetergenau an der Abseitslinie aufhält, bewegt man sich sozusagen auf schmalem Grat; klug angewandt entwickeln sich dann aber Sekundenbruchteile Vorsprung zu einem Zeitmanagement der etwas anderen Art. Dafür ein »Näschen« zu bekommen, will ebenfalls trainiert sein und ist eher nicht genetisch veranlagt, sondern stundenlang geübt.

Erst mit Mitte 20 habe ich dann die Zeichen der Zeit wirklich erkannt und verinnerlicht, was es heißt, Profi zu sein und sich in jeder

Lebenslage genau so zu verhalten. Dazu gehört eben nicht nur unbedingte Bereitschaft in jedem Training, sondern nicht zuletzt das »Drumherum«: Vor- und Nachbereitung sind inzwischen mindestens ebenso entscheidend wie die 90-minütige Einheit. Immer öfter und härter gegen mich selbst habe ich mich die Klimmzugstange hochgehievt und Gewichte gestemmt, mich minutenlang in klirrend kalten Eistonnen aufgehalten und bei jeder noch so kleinen Blessur kühlende Verbände anlegen lassen, um am nächsten Tag schmerzfrei trainieren zu können. Auch freie Tage sind nicht zum 24-Stunden-Couchaufenthalt mit Spielkonsole da, sondern zur bewussten Regeneration. Die Pflege des Körpers wurde von Jahr zu Jahr wichtiger, erholsamer Schlaf ohne vibrierendes Handy zwingende Voraussetzung, sportgerechte Ernährung sowieso. Ich habe mir Tools angeschafft, die mir allein vom Kopf her nochmal ein paar Leistungsprozente gebracht haben, seien es Massagepistolen, Akkupressurmatten oder sogenannte Recovery Boots. Alles für den Erfolg! Es gibt viele Faktoren, die Einfluss auf die individuelle Leistungsfähigkeit haben, kurz-, mittel- und langfristig. Es reicht bei der heutigen Konkurrenzdichte eben längst nicht mehr, die Chipstüte zwei Tage vor dem nächsten Spiel widerwillig in den Schrank zu legen oder mit Cola Zero das Gewissen zu beruhigen.

Aus eigenem Erleben weiß ich: Der Fußballgott sieht, wer fleißig war. Es ist beileibe keine Floskel, dass man sich das Glück des Tüchtigen erarbeiten muss und in der Regel nichts geschenkt bekommt, im knallharten Fußballgeschäft schon gar nicht. Überstunden und Verzicht auf die eine oder andere Annehmlichkeit mit Schoko und Sahne machen sich durchaus bezahlt – im wahrsten Sinn des Wortes. Auch eine gesunde Portion Demut und Dankbarkeit gehören zu den Tugenden, die ganz nach oben führen. Bundesligaprofi zu sein, ist zweifellos ein Privileg. Ein Geschenk für jeden, der es schafft. Darauf werde ich auch nach 16 Jahren immer stolz sein, weil mir nichts in den Schoß gefallen ist und ich mir jede Einsatzminute wirklich verdienen musste.

# Bank-Geheimnis

Die sprichwörtlich »harte Ersatzbank« im eigentlichen Sinn gibt es in der Bundesliga schon ziemlich lange nicht mehr. Inzwischen sind die Sitze der Trainer und Einwechselspieler gepolstert, überdacht und zumeist sogar beheizt. Allzu bequem sollte man es sich dort in der ersten Reihe in unmittelbarer Spielfeldnähe allerdings nicht machen, denn mit dem Status »Reserve« geben sich ehrgeizige Sportler ungern zu-

26  Gewohnheitssache: Mit Marc Zimmermann und Marco Kurth auf der Ersatzbank beim DFB-Pokalspiel 1. FC Magdeburg gegen FC Energie Cottbus (1:3) 2009.

frieden. Ob die Bank also zumindest symbolisch »hart« ist und als Bestrafung betrachtet wird, entscheidet letztlich jeder Fußballer ungeachtet der Spielklasse für sich selbst. Da differieren die Sichtweisen gewaltig. Manch einer ist enttäuscht oder gar sauer, nicht von Beginn an spielen zu dürfen. Andere wiederum sind angesichts der zumeist großen Profikader heilfroh, überhaupt für das Aufgebot nominiert worden zu sein.

Vereins- und wettbewerbsübergreifend wurde ich während meiner aktiven Laufbahn im Männerbereich stattliche 224-mal eingewechselt. Zeitlich dürfte ich in Summe also fast so viele Minuten als tatenloser Zuschauer in Spielkleidung auf Polstersesseln zugebracht haben wie auf der Schulbank bis zum Abitur – na ja, gefühlt jedenfalls. Doch recht früh in meiner Karriere habe ich gelernt, meine Rolle anzunehmen und das Beste daraus zu machen. Resigniert die Flinte ins Korn zu werfen oder bockige Lustlosigkeit in die Kameras zu dokumentieren, war für mich nie eine Option. Zu dieser hilfreichen Erkenntnis bin ich zweifellos durch mein Faible für Wahrscheinlichkeitsrechnung gelangt: Wenn ich in meinem ersten kompletten Bundesliga-Jahr beim FC Bayern München schon mal zwischen Franck Ribéry, Arjen Robben oder Ivica Olić auf der Bank saß, hat man sich wahrscheinlich eher von diesen Superstars einen offensiven Impuls für den weiteren Spielverlauf erhofft als von mir. Seinerzeit durfte nur dreimal gewechselt werden. Ich brauchte also weder sonderlich viel Erfahrung noch Expertenwissen, um meine Einsatzchancen hochzurechnen.

Nach meinem Karriereende kann ich es jetzt zugeben: Es gab genügend Spiele, in denen ich mir fast schon selbst die Daumen drückte, nicht mehr eingewechselt zu werden. Wenn im Winter die Füße vom tatenlosen Zuschauen fast erfroren waren, das Spiel der eigenen Mannschaft nicht sonderlich rundlief, sich schon beim Warmmachen spürbar Laktat bildete und man sich ganz allgemein nicht zu Heldentaten gerüstet fühlte, ganz unabhängig vom Zwischenstand, hätte ich dem Trainer schon gern mal zugeflüstert: »Ach, lass mal. Das Spieltempo ist mir aktuell dann doch etwas zu hoch ...« Das wiederum wäre beim Übungsleiter wohl nicht sonderlich gut angekommen; danach hätte ich wahrscheinlich ziemlich lange bis zum nächsten Einsatz warten müssen, verständlicherweise. Sobald das Aufwärmen hinter dem eigenen Tor begann, habe ich wie ein Guppy alle 30 Sekunden geschaut, ob sich auf der Bank etwas regt. Wenn dann mein Trikot in die Höhe gestreckt wurde oder der Athletiktrainer via Headset die Info erhielt, mich zur Bank zu beordern, war ich sofort im Tunnel: Fokus auf das Spiel und Automatismen abarbeiten: Pullover aus, Trikot an, Hinweise für die Zuordnung bei Standardsituationen aufschnappen und so schnell wie möglich parat stehen, damit ich allen anderen, aber in erster Linie mir selbst signalisiere: Ich bin da! Innerhalb weniger Sekunden will ich Teil meines Teams und dieses Spiels sein und habe die Chance und Aufgabe, entscheidend einzugreifen. Und ich will es unter allen Umständen nicht schlechter, idealerweise besser machen als derjenige, der für mich weichen musste: um das Vertrauen des Trainers in mich zu rechtfertigen, um meine Startelfchancen für den nächsten Kick zu erhöhen und um einfach nur glücklich zu sein, mit mir, meiner Leistung in diesen Minuten und mit einem Spiel mehr in meiner Vita. Ab und an kam ja sogar ein Treffer hinzu.

Von meinem Trainer-Vater habe ich bereits in jungen Jahren gelernt: Ein Coach entscheidet nicht nach Sympathien, sondern stellt stets die Jungs auf, die im bevorstehenden Spiel die größte Gewähr auf Erfolg auf sich vereinen. Es ist folglich fatal zu glauben, man sei doch aber besser als der Startelfkollege. Irgendetwas wird sich der Fußballlehrer in Verantwortung wohl bei seiner Besetzung von Anfangsformation und Ersatzbank gedacht haben. Denn das war immer die schlimmste Enttäuschung; dass der Trainer ohne mich die größere Chance auf einen Sieg vermutete – und ich nicht zur vermeintlich besten Elf gehörte; bis ich endlich und viel zu spät kapierte, welch enorme Bedeutung der Rolle des Einwechselspielers zukommt. Es gilt also realistisch festzuhalten, dass meine subjektive Wahrnehmung über mein

Leistungsvermögen im Verhältnis zu den Mitbewerbern schlichtweg irrelevant war. Deshalb habe ich auch stets darauf verzichtet, egoistisch über skandalwitternde Medien für mich mehr Einsatzzeit einzufordern oder alle paar Wochen im Trainerbüro vorzusprechen mit der Bitte um eine schlüssige Erklärung für die Nichtnominierungen. Sinnlos. In die Mannschaft gequatscht haben sich bisher wohl nur wenige Unzufriedene seit Beginn der Fußball-Aufzeichnungen, denn kein Berater, kein Journalist und auch kein Vater dieser Welt ist bei der täglich verrichteten Arbeit Augenzeuge. Unter dem Strich zählt nur: Leistung. Immer und überall. Die Entscheidung des Trainers fiel demnach nie gegen mich, sondern für den Konkurrenten und für das Team. Wenn er sich von mir dann erhoffte, zu einem späteren Zeitpunkt der Partie Einfluss auf das Geschehen zu nehmen, wollte ich die Chance nutzen und vor allem als solche begreifen. Für dieses weitgehend uneitle Rollenverständnis – davon bin ich absolut überzeugt – bin ich auf Strecke letztlich belohnt worden: mit mehr Einwechslungen und schließlich Toren als die meisten meiner Berufskollegen.

Einem Coach fällt es niemals leicht, einem Spieler die Hiobsbotschaft einer Nichtnominierung in die Startelf plausibel beizubringen, muss er auch nicht. Dennoch standen die Chancen auf einen frühzeitigen Wechsel im nächsten Spiel wesentlich höher, wenn ich meine Enttäuschung nicht in mürrische Mimik und Gestik umwandelte, sondern stattdessen in positive Aggression auf dem Trainingsplatz. Das habe ich zwar nicht immer geschafft, und im Nachhinein ärgere ich mich über meine seltenen Reaktionen als beleidigte Leberwurst, die auch mir unterlaufen sind, denn es hat mich unnötig Energie, Ansehen und wohl auch Einsatzminuten gekostet.

Zweifellos kam mir meine Position als Stürmer für die vielen Hereinnahmen entgegen. Abwehrspieler kommen ohne Verletzung des bevorzugten Mitspielers deutlich seltener im Verlauf von 90 Minuten zum Zug. Während bis vor einigen Jahren bei Führung des eigenen Teams gern schon mal Beton angerührt werden sollte und in der

27 Fachgespräch mit Chef. Erklärungsversuche von Trainer Christian Streich.

Schlussphase alle erdenklichen Verteidiger ins Feuer geschickt wurden, dürfen inzwischen eher frische Offensivspieler aggressiv anlaufen oder eben kontern und für Entlastung sorgen; im Idealfall den Deckel draufmachen oder einen Rückstand egalisieren gegen ausgepumpte Kontrahenten.

Für mich war beides okay. Sobald ich den Rasen betreten habe, waren die zuvor möglicherweise aufgetretenen negativen Gedanken vor meinem Einsatz sofort verschwunden, und ich habe das getan, was ich am besten konnte: meinen Auftrag erfüllen und die mir bleibenden Minuten so ausnutzen, dass ich nach dem Spiel in den Whirlpool springen konnte und mir dabei in Sachen Einsatzbereitschaft nichts vorwerfen musste. Wenn die Konzentration des Gegners nachlässt, der Kopf müde wird, sich dann Räume ergeben und kurze Schaltpausen nachvollziehbar sind, konnte ich manches Mal der »Gamechanger« sein, in der Box, meinem Zuhause. Dort werden in aller Regel Ergebnisse gemacht und Spiele entschieden. Bei Standards auf diesen einen Abschluss zu lauern, hellwach zu sein, zu antizipieren, wohin der Ball kommen könnte – das war stets meine Welt, wenn ich zuvor 70 Minuten oder länger das Verhalten des Gegners beobachten, studieren, kleinste Schwächen ausfindig machen konnte. Für den geneigten Laien nicht immer sofort sichtbar, gibt es nämlich durchaus gravierende Unterschiede. Ausgewiesene Experten in Sachen Verteidigen wie Mats Hummels oder Dayot Upamecano orientieren sich zum Mann, lassen dem gegnerischen Stürmer im direkten Zweikampf keinen Millimeter Luft, haben stets Körperkontakt. Andere wiederum agieren eher im Raum, sind vorsichtiger und unentschlossener. Dem guten, alten Mittelstürmer-Credo zum Trotz bin ich persönlich am liebsten dort hingegangen, wo es nicht wehtut: zum kurzen oder langen Pfosten, zwischen die baumlangen Innenverteidiger, in deren Rücken. Im direkten Duell Knochen auf Knochen wäre ich gegen die »Ochsen« der Branche wohl oft genug zweiter Sieger geblieben. Aber stets den Ball im Blick zu haben, seine Mitspieler und deren Ideen oder Vorlieben zu kennen, vorausschauend zu denken, mich wegzuschleichen und mit der Abseitslinie zu spielen – das habe ich so oft geübt, verfeinert und perfektioniert, bis es schließlich Früchte trug.

Erschwert wurde die Suche nach dem freien Quadratmeter im Strafraum dann ab 2017 durch den bei Stürmern eher unbeliebten »Video Assistant Referee«, kurz VAR. Mehrfach hat mir diese Technik einen Strich durch die Jubel-Rechnung gemacht. Fürchterlich, dieses Warten auf An- oder Aberkennung eines Treffers. Der positive Bescheid war dann jedes Mal eine Erlösung. Ein Torerfolg brachte mir wieder zwei bis drei Wochen Ruhe, eine Schonzeit ohne die drohende »Torlosdiskussion«. Das war in all den Jahren mein Schicksal: bestätigen bestätigen, bestätigen; Treffen um jeden Preis, besonders als bester Joker der Bundesliga. Denn mit diesem Ruf ging eine immense Erwartungshaltung einher, die sich schon mal zum Ballast entwickeln konnte.

Den Status des Einwechsel-Ungeheuers, meinen Rekord mit Toren in Kurzeinsätzen, habe ich mir hart erarbeitet. Er ist weder vom Himmel gefallen noch Zufallsprodukt, deshalb bin ich durchaus stolz darauf. Dieses Alleinstellungsmerkmal hat sicherlich zu meiner Bekanntheit beigetragen. Denn viele Stürmer in der Geschichte der Bundesliga haben mehr Tore geschossen als meine insgesamt 89, ein eher durchschnittlicher Wert für einen Stürmer. Aber niemand hat in der Bundesliga bislang 34 Buden nach Einwechslung geschafft. Nicht mal ein Weltklassespieler wie Claudio Pizarro bei noch mehr Einsätzen von der Bank.

Zweifellos habe ich es ein jedes Mal genossen, vom Freiburger Publikum bei Einwechslung frenetisch empfangen zu werden. Auch wenn damit eine Hoffnung verbunden war, der ich dann doch allzu oft nicht gerecht wurde mit einem Torerfolg. Aber allein den Mitspielern ein gutes Gefühl und den Glauben zu geben, vielleicht doch noch den Lucky Punch zu setzen oder dem Gegner mulmige Minuten zu bereiten, war stets Balsam für die Seele. Dazu brauchte es auch keinen Zaubertrank à la Miraculix, sondern eher extremen Fokus, gedankliche Frische und Selbstvertrauen. Und wenn es nach Einwechslung zum Sieg ohne mein Zutun reichte, habe ich mich ehrlichen Herzens für das Team gefreut – und über meine Teilprämie, eine nicht einkalkulierte Zusatzeinnahme – wie zu Beginn meiner Laufbahn, als ich sonntags freiwillig in Jenas 2. Mannschaft aushalf und gern noch 120 Euro Siegbonus als Taschengeldaufbesserung mitnahm, als Lohn für das Rollenverständnis.

Übrigens, ein ganz simples Bank-Geheimnis gibt es dann auch noch: Unter Umständen sieht man als Einwechselspieler beim SC Freiburg nicht besonders viel vom Geschehen auf dem Rasen, weil Trainer Christian Streich unermüdlich vor den dort Sitzenden herumtigert und gern mal den Blick auf das sportliche Treiben versperrt – angespannt mit jeder Faser seines Körpers. Er lebt in jeder Minute vor, was er von seiner Mannschaft erwartet. Noch hat sich niemand getraut zu sagen: »Coach, geh mal bitte aus der Sonne.« Das könnte dann wohl auch dessen vorerst letztes Mal in Reihe eins gewesen sein, ganz zu schweigen von einer etwaigen Einwechslung …

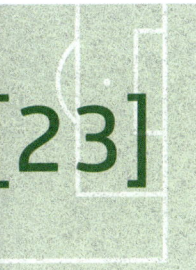

# [23] Extrawurst

Die Einsicht kam bei mir spät, aber sie kam. Nicht über Nacht mit einem Kübel voll Vernunft, sondern schrittweise. Während in jungen Jahren als Fußballprofi Fastfood und Tiefkühlkost zum Standardrepertoire meiner eher einseitigen Ernährung gehörten und ein Schlückchen Alkohol Mitte der Woche wohl kaum Auswirkungen auf meine Leistungsfähigkeit am Wochenende haben konnte, wich diese naive Einschätzung mit fortschreitendem Alter einer größtmöglichen Professionalität. Der Konkurrenzkampf verzeiht keine Nachlässigkeiten.

Probiert hatte ich schon beinahe alles beim stetigen Streben nach Optimierung: Zuckerverzicht, Glutenfreiheit, Karriereende als Gelegenheitsraucher, auch und vor allem der Frau zuliebe. Carla war es dann auch, die inspiriert von ihrer Schwester ein veganes Leben favorisierte. Für mich zunächst eher schwere als leichte Kost. Vollends begeistert war ich von dieser Idee mit spürbaren Auswirkungen auf die gemeinsamen Mahlzeiten keineswegs und stellte mir insgeheim die berechtigte Frage: Probiere nun auch ich diesen Kult aus? Ein anständiger Kerl steht halt auch gern am Grill mit einem saftigen Steak in Reichweite oder gönnt sich als Zwischenmahlzeit ein Fischbrötchen. Die mitleidigen Blicke der Kumpels, abfällige Bemerkungen der Testosteronkollegen und ihr ewig besorgter (nichtzutreffender) Hinweis auf etwaige Mangelerscheinungen infolge fehlenden Fleischkonsums muss man wohl aushalten. Kurz: Einen Versuch war es mir zumindest wert, so räumte ich dann der veganen Ernährung zunächst eine Probezeit ein.

28 Selbst isst der Mann.

Probieren geht halt über Studieren, gerade beim Essen. Ich hatte es mir deutlich schwieriger vorgestellt, abwechslungsreiche Sättigungsbeilagen zu finden oder überhaupt vegan den täglichen Bedarf an Grundnahrungsmitteln zufriedenstellend abzudecken. Der Standort Freiburg war für diese Challenge zweifellos hilfreich mit all seinen offenen, modernen, ökologisch denkenden Menschen; vegane Angebote im Lebensmittelhandel und in Restaurants sind in Südbaden inzwischen die Regel, nicht die Ausnahme. Anders als beispielsweise bei meiner traditionsbewussten Oma. Doch wenn wir zu Besuch in meiner alten Heimat sind, gibt es ihre Kartoffelsuppe eben rücksichtsvoll vegetarisch, also ohne Kassler. Und ob bei der obligatorischen Torte beim familiären Kaffeekränzchen Sahne im Spiel ist, fragen wir sicherheitshalber erst gar nicht nach. Da drücken wir schon mal ein Auge zu, sind also nicht sonderlich dogmatisch unterwegs. Man darf gern zu sich nehmen, was guttut. Und wer will schon die Omi enttäuschen durch Mäkeleien beim Essen?

Mir jedenfalls kam die vegane Ernährung insgesamt entgegen, ich fühlte mich nach der Umstellungsphase erstaunlich fit: weniger

Völlegefühl, alles etwas leichter, der Körper immer noch bei einhundert Prozent. Dazu kam der angenehme Nebeneffekt, dass wir zu Hause experimentierfreudig kochen, kreativ sind und abwechslungsreiche Kost zu uns nehmen. Der Spaßfaktor ist dabei nicht unerheblich. Was sich jedoch nicht geändert hat trotz des fortschreitenden Siegeszuges fleischloser Ernährung: Die Sprüche der Mitspieler und Freunde mit Burger-Affinität gehören weiterhin zum Alltag. Irgendwann kostet es aber nur noch ein müdes Lächeln, wenn mir der grinsende Zeugwart als Extrawurst im Team einen überdimensionalen Gemüseturm an den Platz brachte und das zur Belustigung meiner Mitspieler förmlich zelebrierte; einfach ignorieren und die jämmerlichen Lauch- und Tofuwitze mit Humor nehmen. Ich jedenfalls werde nicht als Prediger in Sachen Ernährung in Erscheinung treten. Sich zwischen Stadionwurst und Gemüseteller zu entscheiden, steht jedem frei, Hauptsache gesunder Appetit und rundum Wohlfühlen in der eigenen Haut. Wenn ich nun mit den Fußballschuhen am berühmten Nagel abends gemütlich am Feuer sitze und genüsslich eine Zigarette beim sentimentalen Rückblick auf all die bleibenden Eindrücke meiner Karriere rauche, dann wird der Ausnahme-Glimmstängel zwar sehr ungesund, aber sicher auch vegan und zugleich ein Emotionsverstärker sein. Lebensqualität darf nämlich nie zu kurz kommen, bei aller Konsequenz mit fleischlosem Glück

# [24] Ballungszentrum 2018

»Es nimmt der Augenblick, was Jahre geben.« Das nachdenklich stimmende Zitat wird Johann Wolfgang von Goethe zugeschrieben. Nur sehr ungern korrigiere ich den großen Dichter und Denker ausnahmsweise, aber für uns Sportler wird umgekehrt ein Fußball-Schuh draus: »Es gibt der Augenblick, was Jahre nehmen.« Damit will ich zum Ausdruck bringen: Aus vielen Spielzeiten der Entbehrung, der Routine, harter Arbeit, stetigen Kampfes und fortwährender Disziplin bleiben am Ende einer recht langen Laufbahn nur wenige unvergessliche Momente übrig, auf die man gern zurückblickt und an die man erinnert werden möchte.

Das Ballungszentrum extremer Ereignisse meiner Rasen-Karriere war wohl das Jahr 2018. Es startete gleich diskutabel, nachdem im Dezember 2017 ein *Focus*-Interview mit mir erschienen war und für ziemliche Aufregung sorgte. Dabei war der Tenor des Gesprächs ursprünglich ein völlig anderer, meine als Randnotiz fallengelassenen Sätze »Salopp gesprochen, verblöde ich seit zehn Jahren« und »Manchmal schäme ich mich, weil ich so wenig Wissen von der Welt besitze« wurden zu Aussagen über das dürftige geistig-intellektuelle Niveau von Fußballern allgemein umgedeutet; sie wurden medial ausgeschlachtet und mir fortan wochenlang unter die Nase gerieben. Dabei lag es nicht in meiner Absicht, Kollegen vor den Kopf zu stoßen, sondern ich hatte lediglich eingeräumt: »Ich habe nichts gelernt, keine Ausbildung gemacht, die anderen Leute können wahrscheinlich viel mehr als ich.« Damit wollte ich meine Hochachtung allen gegenüber ausdrücken, die sich weiterbilden, nach Feierabend die Schulbank drücken oder über ihren beruflichen Tellerrand hinausschauen. Erst nach dem Interview und dem empörten Aufschrei ist mir bewusst geworden, dass auch wir Fußballer mehr als unser Gebolze zu bieten haben: Wir arbeiten im Team, leben äußerst diszipliniert und sind meist in der Lage, den inneren Schweinehund zu überwinden, verfügen also über etliche sogenannte Softskills, die jedes Unternehmen in seiner Belegschaft gerne sieht.

29 Kunstschuss für die Ewigkeit. Die Erinnerungsmedaille zum Tor des Jahres 2018 der ARD-Sportschau hat für mich einen besonderen Stellenwert.

Ebenfalls Randnotiz in besagtem Interview und mir bis heute ein Rätsel: Wo auch immer wir Bundesliga-Kicker nach Feierabend ganz privat auftauchen, wollen alle mit uns über Fußball reden. Dabei wäre es mir wesentlich lieber, von meinem Gegenüber mehr über sie selbst, ihr Leben oder ihren spannenden Beruf zu erfahren. Keine Chance. Am liebsten scheinen flächendeckend die meisten über das Runde und das Eckige zu fachsimpeln. Vielleicht liegt auch darin seine Popularität begründet, weil jeder über Fußball sprechen kann, ohne dass man selbst beidfüßige Erfahrungen am Leder gemacht haben muss oder dezidiertes Hintergrundwissen benötigt, um detailliert mitreden zu können. Ich bin jedenfalls gespannt, ob sich der lockere Smalltalk nach Laufbahnende inhaltlich verändert.

Recht früh im Jahr 2018 gelang mir dann im Auswärtsspiel bei Borussia Dortmund ein Treffer aus gut 40 Metern, der im Januar zum »Tor des Monats« in der *ARD-Sportschau* und schließlich sogar zum »Tor des Jahres 2018« gekürt wurde. Diese Auszeichnung, nur einmal

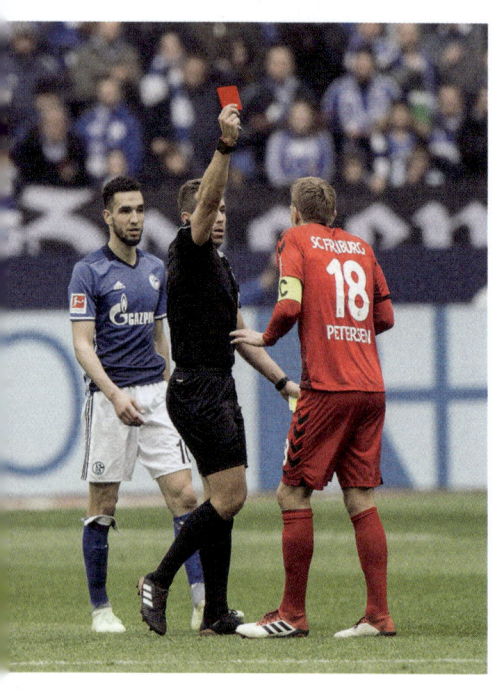

30 Einzigartig: Der Platzverweis vom 31. März 2018 auf Schalke wurde nachträglich annulliert. Gelb-Rot von Schiri Tobias Stieler wegen Meckerns.

im Jahr vergeben, wird naturgemäß nicht allzu vielen Spielern zuteil. Die Bude spiegelt zudem exemplarisch wider, auf welch schmalem Grat wir uns mitunter bewegen. Ich habe in jener 68. Minute nämlich einfach spekuliert: Hätte BVB-Kicker Nuri Şahin den Ball nach vorn mitgenommen und mich dadurch ins Leere laufen lassen, wäre mir hinterher wahrscheinlich eine Predigt über die Vernachlässigung meiner Arbeit gegen den Ball sicher gewesen. Meiner Intuition verdankte ich es aber, dass aus dieser undisziplinierten Aktion die Chance zum Kunstschuss resultierte. Wenn die Kugel nur wenige Zentimeter höher gegen die Latte gesegelt wäre, hätte nie wieder ein Hahn danach gekräht. So allerdings freute ich mich über meinen wohl schönsten, allerdings bei weitem nicht wichtigsten Treffer in der Bundesliga. Denn in der Nachspielzeit kassierten wir den Ausgleich, und somit blieb ich in meiner Karriere tatsächlich in Dortmund sieglos. (Wie auch in München – zumindest bis zu meinem allerletzten Gastspiel in der Allianz-Arena im Viertelfinale des DFB-Pokals 2023 dank Lucas Hölers Elfmeter ins Glück zum 1:2 in der Nachspielzeit …)

Kaum ein Vierteljahr später folgte am 31. März 2018 der nächste Aufreger: mein einziger Platzverweis im Oberhaus. Zwei Gelbe Karten auf Schalke wegen Reklamierens sind an sich schon ziemlich dämlich, aber immerhin wurde die Ampelkarte nach unserem Einspruch vor dem Sportgericht einkassiert. Den ersten Karton hatte ich nämlich gar nicht wahrgenommen. Das sahen die Juristen in zweiter Instanz ähnlich und sprachen mich somit frei. Es nützte jedoch herzlich wenig, denn das folgende Bundesligaspiel gegen Wolfsburg ging 0:2 verloren. Meine Sperre hätte dem SC also vielleicht sogar gutgetan. Aber hinterher ist man eben immer schlauer. Leid tat es mir eher für unseren Coach. Denn Christian Streich echauffierte sich wegen meiner Gelb-Roten Karte in Gelsenkirchen dermaßen, dass er auf die Tribüne verbannt wurde und noch ein Bußgeld von 15 000 Euro berappen musste. Konsequenterweise hätte auch diese Strafe annulliert werden müssen, da unser Chef völlig zu Recht die Contenance verlor. Aber bei unerwünschten Emotionen kennt der Verband keine Verwandten, wegen Vorbildfunktion und Außenwirkung, nehme ich an. Wehe, es verstößt einer wegen zu großer Anspannung gegen die Etikette. Das ist nicht tolerabel und wird als abschreckendes Beispiel rigoros sanktioniert.

Immerhin standen im Juni 2018 dann sehr ordentliche 15 Saisontore in der Vita, es blieb die beste Quote meiner Laufbahn und reichte für Platz zwei in der Bundesliga hinter dem einzigartigen Robert Lewandowski mit übrigens fast doppelt so vielen Treffern. Ich war also der Beste vom Rest, Platz eins unter den Irdischen.

Als erfolgreichster deutscher Stürmer gehörte ich dann sogar zu jenem vorläufigen Aufgebot, das sich auf die Weltmeisterschafts-Endrunde in Russland einstimmte. Bundestrainer Joachim Löw erreichte mich telefonisch direkt nach Saisonende im »Megapark« Palma de Mallorca, wahrlich kein Ort zum Besprechen großer sportlicher Ziele. Um ihm akustisch zwischen all den Partylautsprechern und feierwütigen Kollegen überhaupt lauschen zu können, musste ich vor die Tür gehen – um mich nach Beendigung des Gesprächs schnurstracks vom Ballermann und meiner Mannschaft zu verabschieden. Zweifellos eine Ehre, die dann allerdings erwartungsgemäß mit der Streichung aus dem Turnierkader vorzeitig endete. (Knapp eineinhalb Jahre später habe ich mich dann beim Nationalcoach für die Ausbootung gerächt, als ich ihn als Rekordtorschützen des SC Freiburg ablöste ... Das ist natürlich keineswegs ernst gemeint ...)

Ehrlich gesagt, ich habe mich bei der A-Nationalmannschaft nie wirklich gut aufgehoben gefühlt. Einerseits wäre ich gern mit zum Kräftemessen der besten Nationen gereist – es gibt für einen Fußballer nichts Größeres als eine WM-Teilnahme. Allerdings fehlten mir persönlich im Kreis all der rundum hofierten Elitekicker im Starsemble mit den vier Sternen auf dem Trikot stets die Geborgenheit, das Wir-Gefühl und das Vertrauen, um auch dort mit deutlich weniger Talent als die Mehrzahl der Mitbewerber meine Stärken zum Vorschein bringen zu können. Insofern war ich zwar durchaus enttäuscht, letztlich aber nicht sonderlich böse darüber, nach Hause fahren zu müssen. So blieben mir zumindest die Schmach des ersten deutschen Vorrunden-Ausscheidens bei einer WM-Endrunde und der sich anschließende mediale Pranger erspart. (Zumindest im Schönreden könnte ich eine WM bestreiten ...)

Abgerundet wurde mein Jahr 2018 schließlich mit Platz zwei bei der Wahl zu Deutschlands Fußballer des Jahres. Wow! Diese Wertschätzung meiner Leistung und der des gesamten SC Freiburg rührt mich auch noch Jahre danach, denn sie bedeutet Anerkennung, und es fließen nicht nur Titel, Schalen und Rekorde in die Bewertung ein, das Ranking wird auch von einer fachlich fundierten Jury des Verbandes Deutscher Sportjournalisten und des *Kicker* erstellt. »Silber« war übrigens das absolute Optimum, denn Umfrage-Sieger Toni Kroos erhielt in jenem Jahr als Champions-League-Gewinner mit Real Madrid etwa so viele Stimmen wie der Rest der Platzierten zusammenaddiert. Zu Recht.

Die immense Aufmerksamkeit 2018 mit all ihren positiven und negativen Begleiterscheinungen führte schließlich dazu, dass ich irgendwann einen Druck verspürte, dem ich mich nicht mehr gewachsen fühlte. Drei Spiele am Stück ohne eigenes Tor entwickelten sich mental zu einer mittelschweren Katastrophe, ich litt zunehmend unter Schlafstörungen und verlor komplett Lockerheit, Selbstverständnis, den Glauben an mich selbst und am schlimmsten: die Lebensfreude.

# [25] Menschliche Züge

Bundesligafußballer sind Profis. Beinahe ausnahmslos. Der Begriff leitet sich bekanntlich aus dem englischen »professional« ab und bedeutet somit »beruflich«. Für die Ausübung unseres Jobs erhalten wir folglich unser Salär, haben das Kicken meist von der Pike auf gelernt und machen den ganzen Tag auch nichts anderes (wie uns gern schon mal von den Sitzplätzen im Stadion vorwurfsvoll entgegengehalten wird). Insofern können Fans und sonstige zahlende Kundschaft mit Fug und Recht erwarten, dass unten auf dem Rasen unfallfrei halbwegs konstante Leistungen erbracht werden. Auch wenn das bunte Treiben auf dem Spielfeld aus sicherer Entfernung mitunter deutlich leichter aussieht, als es tatsächlich ist: Einflussfaktoren wie rutschiger Rasen, übersäuerte Muskulatur, strapazierte Nerven, Puls am Anschlag oder zähnefletschend heranrauschende Gegner machen selbst simpelste Ballannahmen schon mal zum zittrigen Unterfangen.

Die Forderung an den Berufssportler, sein vorhandenes Potential unabhängig von seinem Gemütszustand abrufen zu können, ist also absolut legitim. Schließlich sind wir Profis. Das erwartet unsereiner ja auch beim Bäcker oder Friseur. Versemmelte Brötchen wegen schlechter Laune der Nachtschicht oder verschnittene Haare wegen fehlender Tagesform sind mindestens ärgerlich, wenn nicht gar inakzeptabel. Aber auch diese selten bejubelten Berufsgruppen können mal einen gebrauchten Tag erwischen oder einfach Probleme mit sich herumschleppen und deshalb nicht wie gewohnt performen.

Das soll keineswegs Ausrede für Fehlpässe, verschossene Elfmeter oder Niederlagen sein, nur die Bitte um etwas mehr Verständnis für all meine aktiven Kollegen. So sorgenfrei wie das glamouröse Leben eines Fußballprofis meist wirkt, ist es manchmal dann doch nicht, weil Sportler eben auch nur Menschen mit kleinen oder großen Nöten sind und keine Roboter. Bei aller Konzentration auf das Wesentliche ist und bleibt Fußball immer auch die vielzitierte Kopfsache. Die komplizierte Schwangerschaft der Freundin, die bettlägerige Oma oder der auslaufende Vertrag können schon mal dazu führen, dass der millionenschwere Kicker mit einem mentalen Rucksack plötzlich meilenweit von dem entfernt ist, was man zuweilen in schöner Regelmäßigkeit von ihm geboten bekam.

Naturgemäß waren auch meine 16 Jahre als Profikicker mit durchaus heiklen Situationen gepflastert und nicht alles eitel Sonnenschein. Zwischenzeitlich aus der Bahn geworfen haben mich allerdings nicht private Einschnitte wie die Scheidung meiner Eltern oder die unvermeidliche Trennung von meiner ersten festen Freundin nach den gemeinsamen Stationen Cottbus, München und Bremen, obwohl das alles keineswegs spurlos an mir vorübergegangen ist. Was nur die Wenigsten wissen: Mein seelischer Tiefpunkt setzte erstaunlicherweise auf dem sportlichen Zenit meiner Schaffenskraft ein: in der Nacht vor meinem ersten Länderspiel für die deutsche Nationalmannschaft.

Wir übernachteten am 1. Juni 2018 in Südtirol und ich konnte partout nicht schlafen. Grund dafür war nicht etwa das übliche Lampenfieber vor wichtigen Partien, das kannte ich zur Genüge in all seinen Facetten. Die Symptome saßen tiefer, waren unerklärlich und einigermaßen beängstigend. Die SMS »Kannst Du auch nicht schlafen?« schickte ich um 3 Uhr morgens meiner Carla, schaute gegen halb 6 zum 38. Mal auf die Uhr und hatte bis dahin noch kein Auge zugetan. Das Unwohlsein samt Herzrasen und Magenbeschwerden hatten inzwischen solche Ausmaße angenommen, dass ich mich in aller Frühe sicherheitshalber vom Teamarzt durchchecken ließ. Alles in Ordnung. Zumindest das, was messbar war. Auch im Tageshotel in Klagenfurt war an den dringend erforderlichen Erholungsschlaf zum Akkuaufladen nicht zu denken. Und nachdem mein Debüt in Schwarz-Rot-Gold am Abend mit Augenringen bis zur Oberlippe nach 90-minütiger Anpfiff-Verzögerung wegen Unwetters dann endlich geschafft war, blieb der Stolz. Nicht auf Leistung oder Ergebnis, denn das Match gegen Österreich ging 1:2 verloren. Eher darauf, es trotz aller Widrigkeiten durchgezogen und mich nicht krank gemeldet zu haben. Schwierigkeiten aus Selbstmitleid aus dem Weg zu gehen, war keine Option für mich. So hatte man es mir beigebracht, und ich wollte unbedingt spielen, selbst auf Kosten meiner Gesundheit. An alle Bedenkenträger: Ein A-Länderspiel für Deutschland – da kannte ich keine Gnade, nicht mal mir selbst gegenüber.

Die psychische Odyssee jedoch war längst nicht überstanden. Sie nahm danach überhaupt erst richtig Fahrt auf. Mitunter war ich klammheimlich sogar froh darüber, wenn ich nicht zur Auswahl geladen wurde. Ich wollte zu Hause sein, in meiner vertrauten Umgebung, sie schien mir wenigstens ein bisschen Stabilität zu geben. Die Erwartungshaltung in jener Phase, der Druck Woche für Woche steigerten sich in meiner Wahrnehmung enorm, und in gleichem Maße begann ich zu zweifeln – an allem und jedem, vor allem an mir selbst. Wenn sogar die uneingeschränkte Rückendeckung von Mitspielern und aufmunternde Worte der Trainer nicht mehr helfen, einfachste Dinge misslingen, das nächtliche Grübeln sämtliche Energie aus dem hochgezüchteten Körper zieht – dann ist es höchste Zeit sich einzugestehen: Schluss mit »keep cool«. Irgendetwas stimmt mit mir nicht. Es gelingt mir zwar noch, es geheimzuhalten, aber so kann es nicht weitergehen. Irgendwo muss ich zuvor falsch abgebogen sein.

Mit Kontakten unseres Freiburger Mannschaftsarztes, der Unterstützung vor allem meiner Frau und meines besten Freundes Christoph, aber auch von SC-Athletiktrainer Daniel Wolf suchte ich endlich Hilfe – professionelle, versteht sich. Knapp 18 Monate war ich wöchentlich in Therapie, veränderte Perspektive und Prioritäten, ebnete

mit neuen Routinen, vielen einge-
bauten Auszeiten, Meditationen
und Me-Time den Weg zurück zu
mehr Selbstsicherheit. So unangenehm der Gang zur Therapie war, so
froh war ich über die Entwicklung,
die ich seitdem nahm.

Es waren schwierige Zeiten und
eine harte Schule, für die ich in ge-
bührendem Abstand sogar dankbar
bin. Damals hatte sich meine Frau
den »alten Nils« zurückgewünscht.
Heute findet sie den neuen deutlich
ausgeglichener. Auch unschöne Erfahrungen prägen die Persönlichkeit, Hindernisse erscheinen nicht
mehr unüberwindbar, und der Horizont wird erweitert. Unser Blick
auf das Leben mit all seinen Herausforderungen hat sich verändert,
das Glas ist nunmehr in der Regel
halb voll statt halb leer, privat und
beruflich. Auch das zuvor häufig

31 Strahlende Sieger sehen anders aus. Nach dem A-Länderspiel Deutschland gegen Peru
(2:1) am 9. September 2018.

vermiedene Wort »Nein« baute ich sukzessive wieder in meinen Wort-
schatz ein, was zweifellos nachhaltig zur Verbesserung der Situation
beitrug.

Was allerdings unverändert blieb seit den damaligen Akut-Maß-
nahmen: Sportliche Gelassenheit gehörte auch danach nicht zu meinen Grundnahrungsmitteln, die ich löffelweise zu mir nahm. Mein
Faible für Statistik und Rechenspiele jeglicher Couleur blieb bis zum
Abpfiff meiner aktiven Laufbahn treuer Begleiter: Ich zählte auch
fortan die torlosen Minuten akribischer als die Presse, setzte die

Einsatzzeit in Relation zur Trefferausbeute, verglich meine Quote mit der der stürmenden Konkurrenz und mahnte mich zur notwendigen Geduld, wenn die Einwechslung in der 87. Minute trotz Schusschance mal wieder torlos blieb. Menschliche Züge, die kein Geld der Welt ausblenden kann bei allem Anspruch auf beständige Professionalität.

# [26] Die Freude ist ganz beiderseits

Wie viele Jobs gibt es eigentlich, in denen eine erbrachte Leistung immer unmittelbar von tausenden Menschen honoriert oder gar mit Applaus bedacht wird? Vermutlich sind die an einer Hand abzuzählen. Die Sekretärin im Finanzamt bekommt wohl wie die meisten Vertreter anderer Berufsgruppen selten bis nie Standing Ovations oder Fanpost, egal wie erfolgreich, fehlerlos oder pünktlich sie ihre Tätigkeit ausübt. Wir Bundesligafußballer hingegen erhalten mindestens wöchentlich ein sofortiges Feedback für unser Treiben, mitunter sogar Beifall auf offener Szene: emotionalen Jubel nach Siegen, Aufmunterung nach eher misslungenen Auftritten, ab und an halt auch mal Pfiffe und Unmutsäußerungen von den Rängen, wenn auch gerade in Freiburg sehr, sehr selten. Aber immer ehrliche Resonanz, nicht heimlich hinter dem Rücken geflüstert, sondern direkt, laut und geradeaus. Man weiß als Fußballer in aller Regel, woran man ist, zumal Fußballfans meist ein feines Gespür an den Tag legen.

Manchmal muss ich mir dieses Phänomen auf der Zunge zergehen lassen und ganz bewusst vor Augen führen: Wir spielen einfach nur Fußball und bereiten anderen damit eine immense Freude, unterhalten Menschen, vereinen verschiedene Bevölkerungsgruppen und Altersklassen. Unfassbar! Der SC Freiburg hat es in den vergangenen Jahren geschafft, eine ganze Region stolz zu machen, das Selbstwertgefühl der Menschen positiv zu beeinflussen, Tränen des Glücks in unzählige Gesichter zu zaubern. Geht mehr? Zu alldem meinen kleinen Beitrag geleistet zu haben, ist ein unvergleichliches

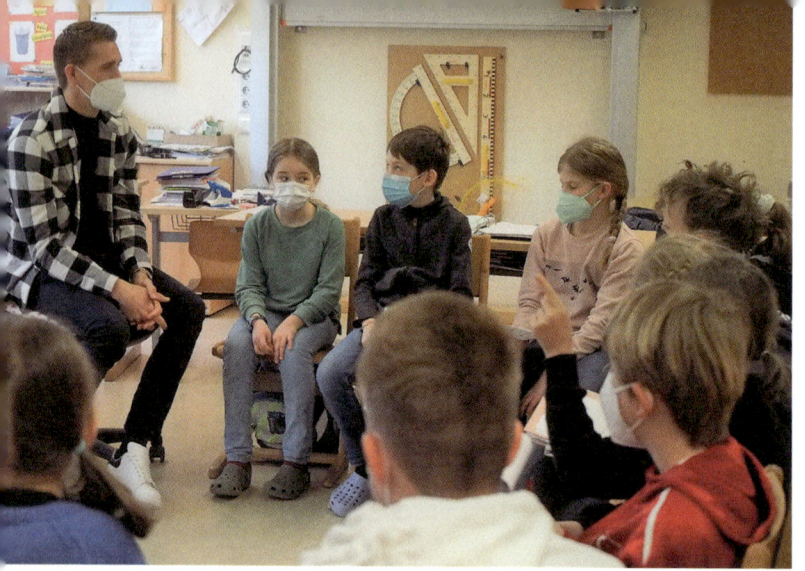

32  Sozial normal. Begegnung mit einer Grundschulklasse in Kirchzarten während der Pandemie.

Gefühl und gibt innere Zufriedenheit. Die Freude ist nämlich ganz beiderseits.

Wir Profifußballer bekommen unendlich viel Zuspruch, besonders im Stadion am Spieltag, da in geballter Form. Ich würde lügen, wenn ich behauptete, die Bezeichnung »Fußballgott« beim Verlesen meines Namens ließe mich kalt. Im Gegenteil. Was für eine immense Wertschätzung, zumal dieser Begriff bundesweit nur wenigen Kickern vorbehalten ist und somit nicht wahllos vergeben wird. Ich habe mich sogar selbst dabei ertappt, nach dem traditionellen und zeitlich minutiös eingetakteten Einschwören durch den Trainer in der Kabine so schnell wie möglich ins weite Rund geeilt zu sein, um dieses Ritual live und hautnah hören, erleben und spüren zu dürfen. Auch wenn ich noch nie höhere Mächte angerufen habe, rührte mich die inzwischen kultige Begrüßung durch das Freiburger Publikum jedes Mal aufs Neue – anfangs dezent von einigen wenigen, im Lauf der Jahre als ritualisierter

Zuruf tausender Fans, und nach Bekanntgabe meines Karriereendes fast noch lauter als zuvor. Gänsehaut garantiert!

Aber auch im Alltag gibt es Schulterklopfer allerorten. Beim Friseur, im Bistro, bei Autogrammstunden, via Social Media. Ich konnte diese Popularität immer sehr genießen, empfand sie nie als störend oder nervig, im Gegenteil. Ich wurde wahrgenommen als jemand, der für etwas steht und damit in Verbindung gebracht wird. Es gibt für mich kaum ein größeres Kompliment, als in der Öffentlichkeit erkannt zu werden, auch außerhalb des SC-Einzugsgebiets im Breisgau. Damit einher gehen mitunter sogar ungefilterte Sympathiebekundungen, die fast schon peinlich berühren. Im ausgebuchten Restaurant wird plötzlich doch noch ein Tisch frei, und den Kaffee aufs Haus hätten viele andere eher nötig als unsereins. Diese Bestätigung und Anerkennung sind durch nichts zu ersetzen – Eins-zu-Eins-Situationen der etwas anderen Art.

Weil Freudebereiten keine Einbahnstraße sein sollte, habe ich, sofern es in meiner Macht stand, immer gern etwas zurückgegeben. Ein strahlendes Lächeln etwa nach einem erbetenen Selfie, die Dankbarkeit für ein simples Autogramm, die überschwängliche Reaktion auf ein Glückwunschvideo zum Geburtstag, der überraschte Blick nach einem ungezwungenen Smalltalk am Bus, all das hat mich stets dafür belohnt, Zeit und Geduld zu investieren und keinen Fan einfach stehen zu lassen. Die verschenkten und signierten Trikots habe ich in all den Jahren nicht gezählt, auch nicht die Spenden für karitative Zwecke oder in Not geratene Ex-Vereine. Das war für mich stets selbstverständlich und ein Bedürfnis, auf meine Art im Rahmen meiner Möglichkeiten Danke zu sagen und zu unterstützen – von erkrankten Kindern bis zu betagten Jubilaren.

Von der großen Bereitschaft, Gutes zu tun, weiß ich aus sicherer Quelle von den allermeisten meiner Berufskollegen. Viele sind überaus aktiv, in Stiftungen, Einrichtungen, Schulen, Hospizstationen, also ganz praktisch mit konkreten Taten und Gaben. Und weil solche vielschichtige Hilfe aus der Bundesliga wirklich handfest und nicht

nur theoretisch ist, unterbreite ich auf meine alten Tage eine Idee in Richtung Verbände und Vereine, die zumindest auf Umsetzbarkeit geprüft werden könnte.

Jährlich führen die Deutsche Fußball Liga und der Deutsche Fußball-Bund die »Aktion Ehrenamt« durch. An einem bestimmten Spieltag und Wochenende wird aller Ehrenamtlichen im Fußball gedacht und gedankt, von der Bundesliga bis zur 3. Liga; mit Bannern auf dem Spielfeld, Videos auf der Anzeigetafel, Anzeigen im Stadionheft oder sogar mit aufgebügeltem Logo auf den Trikots. Es steht zu vermuten, dass diese durchaus löbliche Geste in ihrer bundesweiten Umsetzung einiges an Geld verschlingt – das bei der Zielgruppe »Ehrenamt« aber gar nicht landet. Denn: Es bleibt eine Geste, die weitgehend unpersönlich und anonym ist. Die Adressaten selbst haben direkt nichts davon. Wie wäre es aber, wenn sich jeder Fußballprofi der höchsten Ligen bereit erklärte, einmal im Jahr einen (oder mehrere) Ehrenamtliche zum Meet and Greet zu treffen? Beispielsweise zwanglos eine Stunde plaudern, Gedanken austauschen, sich schlicht für sein Gegenüber und dessen Ehrenamt interessieren. Das kann eine Mitarbeiterin im eigenen Club sein, der Rasenwart vom Nachbarort aus der Kreisliga oder der Nachwuchstrainer des Heimatvereins. Im Jahr darauf kommen dann andere Ehrenamtliche beim Stelldichein mit den Fußballprofis zum Zug. Bei etwa 1000 aktiven Profifußballern allein in der 1. und 2. Bundesliga kämen so zunächst mindestens 1000 Ehrenamtliche in den Genuss eines individuellen, konkreten und greifbaren »Dankeschön« mit Mehrwert. Nach 10 Jahren wären es bereits 10 000, und ich bin überzeugt davon, dass sich kaum ein aktiver Spieler gegen diese Form sozialen Engagements sperren würde. Im Gegenteil. So viel Zeit werden die meisten gern erübrigen, wissen sie doch die Arbeit der unzähligen Ehrenamtlichen aus eigenem Erleben zu schätzen, weil ohne sie ein geregelter Spielbetrieb im Amateur- und Jugendbereich bei fast 25 000 Vereinen in Deutschland undenkbar wäre. Auch jeder Bundesligakicker trainierte als Steppke wahrscheinlich bei einem ehrenamtlichen Übungsleiter. Wenn dann noch jeder Profi die Zusammenkunft mit entsprechendem Bild auf seinem Social-Media-Kanal postet, bekommt das damit verbundene wichtige Anliegen die nötige Reichweite und Aufmerksamkeit. Im Ergebnis wäre die Freude auch hier bestimmt beiderseits.

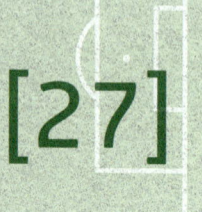

# [27] Verzichtserklärung

Falls ich es noch nicht deutlich genug zum Ausdruck gebracht haben sollte: Profifußballer zu sein, ist ein absoluter Traumberuf! Nichts anderes tun zu müssen, als mit Gleichgesinnten zu kicken, oft sogar vor großem Publikum sein Können zeigen zu dürfen, dafür noch fürstlich entlohnt zu werden und allerlei Privilegien zu genießen, ist kaum zu toppen. Jedenfalls habe ich es keine einzige Sekunde bereut, diesen Weg eingeschlagen zu haben, selbst in den weniger coolen Phasen, die ich an Beispielen bereits ausgeführt habe. Ich kann nur jedem Talent empfehlen: Seid Euch dessen bewusst und tut alles dafür, diesen Traum so lange und erfolgreich wie möglich zu leben. Es wird sehr wahrscheinlich die schönste Zeit Eures Lebens sein. Ohne Einschränkung – trotz mancher Einschränkung.

Denn es gilt, bei all den genannten Vorzügen und Annehmlichkeiten auch die berufsbedingten Schattenseiten auf dem Schirm zu haben. Es gibt nämlich eine Kehrseite der Medaille. Mit dem ersten Profivertrag unterzeichnet jeder Spieler symbolisch auch eine umfangreiche Verzichtserklärung. Die ist nicht etwa ausformuliert, vielmehr eine Handschlagvereinbarung im Rang eines ungeschriebenen Gesetzes. Wer sich nicht weitgehend an diese Regeln hält, dürfte einer ziemlich kurzen Laufbahn entgegensehen.

Diese Verzichtserklärung geht jeder freiwillig ein, es besteht also kein Grund, sich hinterher zu beschweren. Niemand wird gezwungen, im Jugendalter die gewohnte Umgebung von Elternhaus und Freundeskreis zu verlassen, um etwa im Internat die zumeist idealen

Bedingungen für die Rundum-Ausbildung zum Profi nutzen zu können. Früh übt er sich, der Verzicht auf Flausen aller Art, mit Fortsetzungen bis ans Karriereende. Wenn beispielsweise die beste Oma der Welt dann ihren runden Geburtstag feiert, der Neffe konfirmiert wird, die Eltern an einem Samstag zur Silbernen Hochzeit laden oder das Klassentreffen des Abitur-Jahrgangs ansteht, dann fehlt zumeist der Bundesligaspieler – beruflich verhindert. Gleiches gilt für Urlaub aller Art. Familienväter wie mein langjähriger Weggefährte Chicco Höfler können bis ans Ende ihrer aktiven Laufbahn mit ihren schulpflichtigen Kids nie in den Sommerferien verreisen, weil in diesen Wochen die Saisonvorbereitung bereits in vollem Gang ist. Wichtige Phasen der Entwicklung beim eigenen Nachwuchs wegen dienstlicher Verpflichtungen nicht hautnah miterleben zu können, ist zweifellos ein hoher Preis, den Profis zu entrichten haben.

34 Feierbiester mit hohem Seltenheitsfaktor. Wenn, dann gern mit Freund und Trauzeuge Christoph.

Hinzu kommen Ge- und Verbote aller Art, die die Gesundheit und Leistungsfähigkeit des Sportlers betreffen, weil der Körper sein Kapital ist und das seines Arbeitgebers. Skifahren sollte man bei aller Lust auf Hüttengaudi nur geradeaus mit Langlaufbrettern, nicht aber talwärts und riskant, von anderen Extremsportarten mit erhöhter

Verletzungsgefahr ganz zu schweigen. Auch das Motorrad sollte bis zum Abschiedsspiel besser in der Garage bleiben, und Alkohol zu konsumieren, geht ungeachtet des Anlasses nur in Maßen statt in Massen, im Zeitalter von Handymanie und Social Media ohnehin eher nicht in der Öffentlichkeit. Gleiches gilt für fröhliche Discobesuche nach frustrierenden Niederlagen – wahrscheinlich weniger clever. Viele Spaßfaktoren vornehmlich von Grenzen austestenden Teenies bis zum draufgängerischen Mittzwanziger in der Blüte seiner Partylaune sind dem Profi schlicht untersagt und beeinträchtigen somit nicht unerheblich die Lebensqualität junger Erwachsener mit Bundesliga-Vertrag. Der asketisch veranlagte Stubenhocker ist unter den Profis also klar im Vorteil und läuft deutlich seltener Gefahr, der branchenüblichen Verzichtserklärung zuwiderzuhandeln. Zumindest theoretisch.

Entgegen der weit verbreiteten Meinung, Profifußballer würden tendenziell ein entspanntes Lotterleben führen bei nur einer Trainingseinheit am Tag im saisonalen Wochenrhythmus, muss ich etwaige Neider enttäuschen: Inzwischen bleibt die Mannschaft oft ganztägig auf dem Betriebsgelände. Vor- und Nachbereitung, Körperpflege, Theorie in Form von stundenlangen Videositzungen, gemeinsames Essen nach Speiseplan, Signieren von Autogrammkarten oder Sponsoren-Shootings erlauben selten einen gepflegten Mittagsschlaf in den eigenen vier Wänden, zumal die Woche in der Regel sechs statt fünf Arbeitstage hat, ein klassisches Wochenende mit der Liebsten praktisch nicht existiert und nächtliche Reisen durch die Republik speziell nach Niederlagen nicht gerade vergnügungssteuerpflichtig sind. Wenn meine Frau und ich vielleicht einmal im Quartal zusammen frühstücken konnten, haben wir das als seltene Ausnahme regelrecht zelebriert. Samstag und Sonntag sind für Fußballprofis halt ganz normale Werktage. Und wenn europäisch gespielt wurde und zwei Trainingslager in Spanien und Österreich anstanden, logierten wir inklusive Bundesliga und Pokal gut und gerne 30-mal pro Saison in fremden Gemächern – in der Saisonvorbereitung meistens mit Kompressionshosen über Nacht, weil die Beine förmlich danach geschrien haben, denn da werden diverse Meter gemacht, um die Beine mal so richtig schön anzusäuern. Kann man mögen, muss man nicht. Ich war immer lieber Heimschläfer als dienstreisender Hotelgast. Aber das Leben eines Profifußballers ist halt kein Wunschkonzert. Entbehrung und Disziplin gehören zwingend zum Handwerkszeug. Wer das partout nicht möchte, darf sich gern beizeiten einen anderen Beruf wählen – und kann dann vielleicht bedenkenlos nach Lust und Laune um die Häuser ziehen.

Vielleicht klingt »Verzicht« allzu hart. Es soll auch Fußballer gegeben haben, die so gar nichts ausließen und trotzdem sehr erfolgreich waren; wohl möglich, aber von Saison zu Saison unwahrscheinlicher. Bei meinem Mangel an Ausnahmetalent hätte es auf Dauer ohne professionelle Lebens- und Herangehensweise an den Job sicher nur zu unterklassiger Mittelmäßigkeit gereicht. An dieser Stelle ein Gruß an die Omi: Nach 16 Jahren Abstinenz werde ich nun endlich wieder ihren Geburtstag live miterleben dürfen.

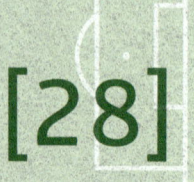

# [28] Branchenkumpels

»Gute Freunde kann niemand trennen.« – Das klingt irgendwie altmodisch und käme mir als Satz kaum über die Lippen. Als Liedzeile des gleichnamigen Schlagers vom Fußball-Kaiser Franz aus den 1960er-Jahren dürfte der Satz jedoch den meisten sofort präsent sein. Aber aus eigenem Erleben kann ich unabhängig davon versichern: Der Fußball schafft es, Freunde zu trennen, oder besser ausgedrückt: wahre Freundschaft in all ihren tiefgründigen Facetten nur selten zuzulassen. Das in den meisten Fällen bereits seit der Jugend gelebte Nomadendasein von uns Profis macht uns zwar temporär zu Gleichgesinnten, zu Art- und Leidensgenossen oder zu Verbündeten, Freundschaften fürs Leben entstehen daraus jedoch selten, wenn es nämlich den kleinsten gemeinsamen Nenner »Kabine« irgendwann wie vorprogrammiert nicht mehr gibt, die Trikots eine andere Farbe annehmen, die Interessen differieren oder sich die Wege schlicht und ergreifend nach gemeinsamer Zeit im gleichen Team nur noch sporadisch kreuzen. Das mag mitunter schade sein, bringt das rastlose Leben auf der Überholspur aber eben mit sich.

Das sage ich ohne Wertung, Vorwurf oder Wehklagen, eher als sachliche Erkenntnis, weil sich jeder Einzelne von uns für genau dieses Leben entschieden hat. Wenn ich an Anekdoten mit meinen Fußballkollegen aus dem Internatsleben in Jena oder bei meinen späteren Clubs denke, werde ich durchaus wehmütig. Aber es zeigt mir auch, wie viel Glück ich hatte, mit so vielen tollen Menschen im Lauf der Jahre Seite an Seite zusammengespielt zu haben. Am Ende einer langen

Laufbahn bin ich glücklich über viele gute Branchenkumpels– dieser Begriff trifft es wohl am ehesten.

Für das, was ich ausdrücken möchte, war unsere Hochzeit im Juni 2021 bezeichnend. Aus der Aktivenszene hatten wir mit Nicolas Höfler und Lucas Höler exakt zwei aktuelle Mitspieler mit Anhang eingeladen, dazu Co-Trainer Florian Bruns und Athletik-Coach Daniel Wolf vom SC Freiburg, Physiotherapeut Markus Behrens und Teammanager Tobias Schätzle, auch den damals amtierenden Trainer vom Regionalligisten Germania Halberstadt, der zufällig mein Vater war. Ansonsten blieb es weitgehend bei Familie und fußballfreien Freunden. Die zusammengestrichene Gästeliste war sicherlich auch den Ausläufern der Corona-Pandemie geschuldet, aber es passt inhaltlich in diesem Zusammenhang.

Übrigens hätte ich niemals meinen aktuellen Cheftrainer zu dieser besonderen Feier eingeladen, egal wie er hieß, wie gut unser Verhältnis war, und ob er sich als Vaterfigur oder Kumpeltyp definiert – schon aus Prinzip nicht. Einerseits, um bei den Mitspielern nicht als jemand wahrgenommen zu werden, der sich anbiedert, andererseits weil der vorgesetzte Fußballlehrer angesichts einer vermeintlichen privaten Verbindung zum Schützling womöglich in Erklärungsnöte kommen könnte, wenn er den nächsten Spieltagskader nominiert. Eine professionelle Distanz ist nach meinem Dafürhalten geeigneter und konfliktärmer als allzu verdächtige Nähe. Dies aber nur am Rande.

Fußballer ziehen in aller Regel von Station zu Station und haben beim Aufbruch zu neuen Ufern nur das Nötigste im Gepäck. Die Frau, Kinder, wenn vorhanden, einen Berg Klamotten, möglichst wenig Möbel und selten: Freunde. Nicht dass dies unnötiger Ballast wäre, keineswegs. Aber der neue Standort fordert zumeist alle Konzentration, Besuche von oder bei Ehemaligen sind auf Entfernung ziemlich schwierig, und wenn es im eng getakteten Rahmenterminkalender dreimal im Jahr dann vielleicht doch einmal zwei freie Wochenendtage am Stück gibt, hat die eigene Familie zumeist Besuchs-Priorität, oder man

35  SC-Dinos unter sich.
Mit Chicco Höfler, mehr als ein
Branchenkumpel.

schnappt sich seine zeitlich vernachlässigte Dame und düst mal flink in den Europapark. Beim Ausloten der zeitlichen Kapazitäten bleiben Freunde eben beinahe zwangsläufig allzu oft auf der Strecke.

Das heißt übrigens keineswegs, dass wir nicht untereinander Kontakt halten, doch selten wird es besonders tiefgründig. Hier mal ein Glückwunsch zu Tor oder Sieg des einstigen Weggefährten per WhatsApp, dort mal ein »Like« samt Kommentar auf Instagram, und natürlich darf auch die Geburtstagsgratulation nicht fehlen, bestenfalls per Sprachnachricht. Das war's meist auch schon. An alle, die diese Zeilen lesen und meine Mitspieler waren: Meldet Euch doch! Die Freude wäre wiederum beiderseits. Aus den 16 Jahren Profifußball sind – Sandkasten eingerechnet – nur eine Handvoll Menschen übriggeblieben, bei denen die Bezeichnung »Freundschaft« nicht allzu übertrieben ist. Zumindest fallen mir auf Anhieb nicht viele Bundesligakollegen ein, bei denen ich zur Not auch nachts vor der Tür stehen und meine intimsten Sorgen auf den Küchentisch legen würde, was unter guten Freunden aber Usus sein sollte, am ehesten Chicco Höfler, mit dem ich immerhin achteinhalb Jahre zusammengespielt habe und auch manches Private unternahm. Ansonsten freue ich mich ehrlichen Herzens, zum Beispiel mit treuen Branchenkumpels wie Clemens Fritz und Sebastian Mielitz aus der gemeinsamen Zeit bei Werder Bremen zu texten oder zu telefonieren. Diese Verbundenheit bleibt hoffentlich lange. Kurioserweise habe ich mich mit fortdauernder Karriere mit den Clubmitarbeitern vom Arzt bis zum Teammanager oft besonders gut verstanden – vermutlich, weil viele Mitspieler inzwischen 15 Jahre jünger sind und irgendwie eine andere Sprache sprechen.

Auf ein verbindendes Element bei all den flüchtigen Bekanntschaften auf Augenhöhe im Profifußball möchte ich unbedingt hinweisen: Niemand ist dem anderen böse. Den meisten wird es nämlich ähnlich gehen: Man verbringt mit der Mannschaft viel Zeit, beim Training, im Bus, im Hotel, beim Essen, im Stadion, so dass es nach Feierabend gern mal andere Gesichter sein dürfen, denen man begegnet. Und dann: Zu viel Nähe erschwert einen Abschied beim etwaigen Vereinswechsel. Und der steht den meisten regelmäßig bevor.

Bei mir nicht mehr, denn wir sind im wunderschönen Kirchzarten vor den Toren Freiburgs, Carlas Heimatstadt, sesshaft geworden. Durch sie habe ich neue Leute kennen- und schätzen gelernt, einige mit nachhaltigem Freundschaftspotential. Vielleicht wird die Liste länger jetzt nach Beendigung des Nomadenlebens.

Weil ich den steinigen Weg eines Fußballprofis nicht als Einzelschicksal gehen wollte und auch nie gut im Alleinsein war, lebe ich gewissermaßen seit meinem 17. Lebensjahr fast ununterbrochen in Beziehungen. Das klingt nach Vielzahl, exakt waren es aber nur zwei. Ich bin überaus zuversichtlich, dass es auch bei dieser Zahl bleibt, weil ich meine nunmehr beste Freundin fest an der Seite habe.

# [29] Bilaterale Beziehungen

Im Leben eines Fußballprofis ist es nicht nur die Partnerin, mit der man eine bestenfalls intakte Beziehung führt. Mit an Sicherheit grenzender Wahrscheinlichkeit habe ich mit meinen Mannschaftskameraden in den vergangenen Jahren netto mehr Zeit verbracht als mit meiner Gattin. Wir Jungs kommunizieren zwangsläufig täglich, sei es wie häufig albernes Zeug oder auch schon mal Seriöses oder Fachspezifisches. Wie habe ich es geliebt, morgens in die Kabine zu kommen, mit dem einen oder anderen unser Begrüßungsritual zu zelebrieren, herumzuflachsen und fast atemlos die Spiele der Konkurrenz oder die vorherige Siegesnacht auszuwerten – mit den Jungspunden im Deutsch-Rap-Slang und mit den Physiotherapeuten auf Hochdeutsch.

Die Beziehung zu den Physios war für mich immer eine sehr besondere, eine Spezies, die hoffentlich nie ausstirbt. Sie sind nach Verletzungen nicht nur ständige Begleiter auf dem Weg zurück zu alter Stärke, sondern nicht selten richtig gute Psychologen und vor allem Vertrauenspersonen. Die meisten könnten freiberuflich als Kummerkasten bei der Telefonseelsorge tätig sein, so geschult sind sie aufgrund der zahlreichen Behandlungen und Gespräche mit Spielern, die regelmäßig ein offenes Ohr suchen, mit ihren Sorgen von dienstlich bis privat; das gilt für alle »Kneter« – keineswegs eine Herabwürdigung ihrer zumeist sehr umfangreichen Ausbildung – meiner vormaligen Vereine. Sie haben mich täglich in Bestform gebracht, und hoffentlich war ich nicht allzu schlecht darin, ihnen meine Dankbarkeit angemessen zu zeigen.

Das gilt im Übrigen für sämtliche Mitstreiter rund um die Mann-

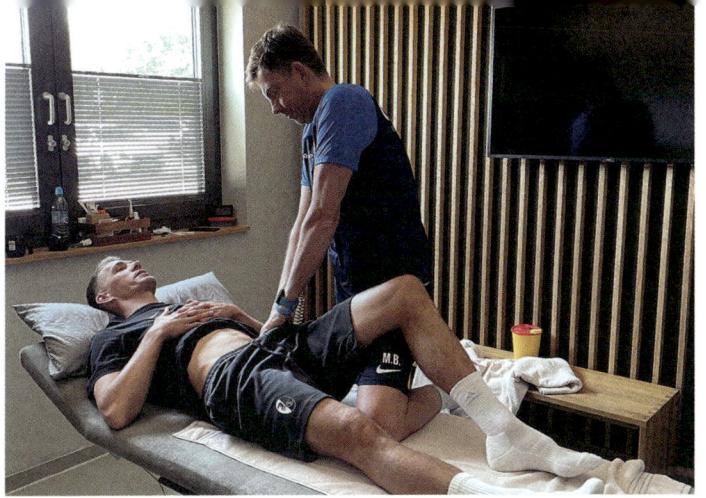

36 Hobbypsychologen wie Physiotherapeut Markus Behrens samt Staff sind das Getriebe jedes Profiteams.

schaft, weil sie alle erst dafür sorgen, dass wir Profis optimal performen und uns ausschließlich auf den Fußball konzentrieren können. Der Zeugwart versorgte mich täglich mit frischer Wäsche, der Busfahrer fuhr mich sicher durch Deutschland und Europa, der Arzt nutzte sämtliches Vitamin B mit seinem Netzwerk an Spezialisten zur best- und schnellstmöglichen Wiederherstellung meiner Wettkampftauglichkeit. Zu nennen sind unbedingt die Trainer, die nach meiner subjektiven Wahrnehmung samstags um 15.30 Uhr viel zu oft gegen mich entschieden hatten und trotzdem tagtäglich alles aus mir herauszukitzeln versuchten. Der Teammanager plante für uns verwöhnte Profis alles bis ins kleinste Detail, der Koch füllte keine Stunde nach Trainingsschluss meine Kohlenhydratspeicher auf, die Reinigungskräfte beseitigten den Dreck meiner Fußballschuhe in der Kabine. Alles Selbstverständlichkeiten? Mitnichten!

Zu all diesen Menschen stand ich als Fußballer immer in einer besonderen Art von Beziehung, vielleicht auch in ihrer Schuld. Und mit welcher Währung habe ich zurückgezahlt? Mit Respekt und Wertschätzung – in einfacher, manchmal kaum merkbarer, aber stets sehr dankbarer Art und Weise, mit Umgangsformen, die leider aus der Mode kommen, weil vieles zu selbstverständlich geworden ist. Ohne diese unverwüstlichen und zu jeder Tages- und Nachtzeit einsatzbereiten Mitarbeiterinnen und Mitarbeiter könnten wir Profis nicht funktionieren, uns nicht auf das Wesentliche konzentrieren und wären heillos überfordert. Ebenso allen anderen Leuten außerhalb des Kabinentrakts, die aufgrund ihrer Funktionen nicht für die Elf des Tages nominiert werden oder üppige Prämien für einen Zufallstreffer erhalten, versuche ich mit Anerkennung und Höflichkeit zu begegnen: sei es den Schiedsrichtern auf dem Platz, dem Ultra in der Stadt, der Bäckersfrau daheim oder dem Pagen vor dem Fünf-Sterne-Resort. Kein einziges Mal habe ich einen Autogrammwunsch oder ein gemeinsames Foto verneint, sei es direkt nach einem frustrierenden 0:5 verbunden mit miesester Laune oder bei der mannschaftlichen Saisonabschlussfahrt mit gefühlten 1,3 Promille im »Bierkönig« auf Mallorca. Gleiches gilt für Fanpost aller Art, die ich gern beantworte (oft sind frankierte Briefumschläge beigelegt), das hat für mich mit Anstand zu tun. (Womöglich habe ich hierbei auch gut reden, weil die Zahl doch überschaubar ist im Vergleich zu anderen Profis, bis hin zu Weltstars mit täglich tausenden Anfragen.)

All das gehört zum Job des professionellen Bolzers – und war sogar im Arbeitsvertrag verankert, in meinem wenigstens. Eine hervorragende Reputation sei Basis für eine erfolgreiche Vermarktung der fußballerischen Leistung, stand dort Schwarz auf Weiß. Unterschreibe ich also einen Profivertrag, vertrete ich auch die Interessen des Clubs in jeder Lebenslage, nicht nur meine eigenen. Dazu zählt eben auch der Umgang mit Fans und Sympathisanten, der authentisch und ohne berechnende Hintergedanken sein sollte. Die Arbeit eines Spielers endet eben nicht mit dem Schließen der Kabinentür. Klar, wir dürfen auch schon mal einen schlechten Tag haben, schließlich gibt es reichlich davon innerhalb und außerhalb des Jobs. Aber meine Kommunikation, Mimik und Gestik sollten nach Möglichkeit angemessen sein, weil Beziehungen schließlich bilateral und keine Einbahnstraße sind.

# [30] Botengänge

Es soll Zeiten gegeben haben, da hatte Politik im Fußballstadion nichts verloren und war dort regelrecht verpönt. Möglicherweise war dieses ungeschriebene Gesetz sogar mit ein Erfolgsfaktor für die stetig wachsende Popularität der deutschen Lieblingssportart neben all den großen Triumphen seit dem Wunder von Bern 1954. In prall gefüllten Arenen als Stätten emotionaler und zwangsloser Begegnung und mit Gänsehautatmosphäre tummeln sich Gleichgesinnte mit Stimmungsgarantie. Ich habe auf einschlägige Umfragen bei älteren Zeitzeugen verzichtet und auch nicht sonderlich viele Stunden als Fan auf Stehplatztribünen verbringen dürfen, aber der Überlieferung nach strömten stets Fußballfreunde ins Stadion, um dort Ablenkung vom Alltag im Gemeinschaftsgefühl von Leuten aus allen Schichten und Altersklassen zu finden, denen man sonst wohl nie begegnet wäre – in den Clubfarben vereint. Private Probleme, berufliche Sorgen, gesellschaftskritische Sichtweisen blieben am Spieltag zweitrangig und ausgeblendet. Im Stadion ging es in den Diskussionen thematisch eher um Formkurven, Meisterschaftsambitionen, Aufstiegshoffnungen, Transfergerüchte, um Euphorie oder Frust, um Jubel oder Trauer, um Auf- oder Abstieg, vielleicht noch Bock- oder Bratwurst, aber eben nicht um politische Meinungen.

Das ist lange her. Irgendwer wird irgendwann erkannt haben, dass der Fußball mit seiner Strahlkraft, Reichweite und den tausenden Sympathisanten als Zielgruppe eine höchst geeignete Branche ist, um außersportliche Botschaften und Inhalte zu transportieren. Seitdem

37  Klimaneutralität auf schmalem Grat.

wird kaum ein aktueller Anlass ausgespart, zu dem der angestellte Kicker sich nicht zu positionieren hätte. Wir sind gegen Homophobie, Fremdenfeindlichkeit, Diskriminierung, Krieg, das Vergessen; und wir sind für Vielfalt und Toleranz, Inklusion, Black Lives Matter, Gleichberechtigung oder Klimaschutz; die Aufzählung ließe sich noch verlängern. Zweifelsohne ist jedes dieser Themen gesellschaftlich relevant und hat es verdient, ins kollektive Bewusstsein gehoben zu werden.

Aber nehmen wir zum Beispiel den Klimaschutz, ein aktuell wichtiges Thema, ganz ohne Frage. Doch taugt der Profifußball hier als Vorbild und Botschafter? Der ökologische Fußabdruck der Bundesliga ist nicht gerade klein mit energieintensiven Rasenheizungen und Flutlicht bereits am Nachmittag der unschönen Schatten im TV-Bild bei Sonneneinstrahlung wegen. Zu Wettkämpfen reisen wir terminegestresst wegen bestmöglicher Regeneration selten mit dem Bummelzug durch Deutschland oder Europa, fliegen in diverse Trainingslager und verbringen den wohlverdienten Sommerurlaub nach kräftezehrender Saison auch eher nicht so häufig mit dem Fahrrad auf dem Zeltplatz um die Ecke. Wenn ich vor diesem Hintergrund einen Termin zum

Thema Klimaschutz wahrnehme und anschließend in mein etwas zu großes Auto steige, finde ich mich selbst nicht sonderlich glaubwürdig. Vom Vorbild in Sachen Klimaschutz sind wir Profifußballer dann eben doch meilenweit entfernt und deshalb als Mahner tendenziell ungeeignet. Dazu sollte man bestenfalls mit gutem Beispiel vorangehen – aus den genannten Gründen eher schwierig.

Für deutlich überzeugender halte ich das Engagement unserer Zunft dann schon beim Kampf gegen Rassismus. Meinetwegen dürfen sich gern sämtliche Vereine ein entsprechendes Bekenntnis großflächig auf den Briefkopf drucken. Papier ist allerdings geduldig, deshalb favorisiere ich die Realität. Und ich behaupte: Es gibt kaum einen Berufszweig in Deutschland, der so viel gegen Fremdenfeindlichkeit getan hat und noch immer unternimmt wie der Fußball – von der Bundesliga bis zur Kreisklasse; nicht mit Plakaten, Appellen oder kreativen Videoclips, sondern mit dem gelebten Alltag inzwischen seit Jahrzehnten. Umjubelte Publikumslieblinge wie Aílton in Bremen, Karim Guédé in Freiburg oder David Alaba beim FC Bayern haben mehr für die Akzeptanz verschiedener Hautfarben getan als jeder moralische Zeigefinger. In nahezu jeder Mannschaft sind die unaufgeregte Akzeptanz von Kickern mit Migrationshintergrund, die ethnische Bandbreite oder zahlreiche Nationalitäten längst Normalität, auch und vor allem im Nachwuchsbereich. Besser und authentischer kann erfolgreiche Integration meines Erachtens nicht funktionieren, als gemeinsam Fußball zu spielen und dabei nicht die Herkunft, sondern Leistung als Kriterium heranzuziehen. Das ist mittlerweile ganz selbstverständlich in der Praxis, nicht nur in der Theorie.

Besonders augenfällig ist der Einfluss der Politik im internationalen Kontext. Das ursprüngliche Sportereignis tritt dabei mitunter in den Hintergrund. Erinnert sei an die tagelangen Diskussionen um die Gestaltung der deutschen Kapitänsbinde vor dem ersten WM-Spiel der Mannschaft 2022 in Katar. Gefühlt ging es in der öffentlichen Debatte kaum noch um Turnierziele, Taktik und Personal, vielmehr um ein Kräftemessen zwischen Verband und Fifa. Spätestens nach dem verlorenen Auftaktspiel gegen Japan lautete die Wahrnehmung: Die Nationalspieler haben sich mehr mit »One Love« als mit dem Gegner beschäftigt. Das stimmt so sicher nicht, wie ich aus eigenem Erleben weiß; aber es kommt halt so rüber und schadet enorm – nicht zuletzt den Jungs in den deutschen Jerseys, die einfach eine Weltmeisterschaft spielen und am liebsten den Pokal mit nach Hause bringen wollten.

Klar, Vereine und mündige Spieler dürfen und sollen ihre Reichweite nutzen und Positionen vertreten. Dafür gibt es soziale Medien, Videowände, Programmhefte und viele andere Formate. Ich persönlich fand es immer am besten, mir eine Zusammenarbeit mit Organisationen und Einrichtungen selbst auszusuchen, und kann dabei meine Werte berücksichtigen, das, was mir wichtig ist, für das ich einstehen will, was mir speziell am Herzen liegt. Denn ich bin der Meinung, dass der Empfänger dieser Botschaft dann das Herzblut und die Hingabe für die Sache spürt. Es ist auf jeden Fall authentischer, als multithematischer Botengänger zu sein.

# [31] Demut und Dankbarkeit

Auch wenn ich in Summe mehr als eineinhalb Jahrzehnte ohne Unterbrechung Teil des Profifußballs mit all seinen Annehmlichkeiten war, in dem sich dann doch irgendwann eine gewisse Routine oder Selbstverständlichkeit eingestellt hat, konnte ich mein Glück auch auf der Zielgeraden der Karriere noch immer kaum fassen. Manchmal hätte ich meine Frau Carla am liebsten gebeten, mich mal anständig zu kneifen. Das alles konnte doch nur ein schöner, langer Traum sein ...

Man muss sich das genau vor Augen führen: Millionen Menschen in Deutschland und vermutlich weltweit geben buchstäblich ihr letztes Hemd für den Fußball, zahlen große Summen dafür, richten ihre komplette Freizeit danach aus – und wir Bundesliga-Kicker werden dafür fürstlich entlohnt, jeden Tag unserem Hobby nachzugehen. Zumindest aus meiner Warte erscheint das von Zeit zu Zeit surreal. Abertausende Jungs opfern ihr Taschengeld für ein möglichst vollständiges Stickeralbum, Eltern stolze Monatsbeiträge für regelmäßiges Training oder Feriencamps, nicht wenige Kreisliga-Fußballer finanzieren ihren einheitlichen Trainingsanzug aus eigenem Portemonnaie, und Hardcorefans aller Farben planen länderübergreifend ihren Urlaub nach den Spielterminen ihres Lieblingsvereins, absolvieren kostspielige Auswärtsfahrten und holen sich jährlich das neueste Trikot; ganz zu schweigen von all den Sponsoren, die unser Salär erst einmal in ihren Unternehmen erwirtschaften müssen, und nicht zu vergessen unzählige Angehörige, die ihre Sprösslinge von A nach B, zum Training oder Punktspiel fahren. Der Fußball als wichtiger Wirtschaftsfaktor mit seinen vielen Aktiven und Förderern, Mitgliedern, Dienstleistern, Zuschauern, von ganz unten bis ganz oben setzt demnach enorm viel Geld um – und wir Spieler sind dabei am oberen Ende der Nahrungskette.

Es ist keineswegs so, dass ich deshalb ein schlechtes Gewissen hätte. Schließlich habe ich nie etwas gefordert, jemanden bestohlen oder übers Ohr gehauen. Mir wurde stets ein Angebot unterbreitet, ich habe es dankend angenommen und fortan versucht, mein Gehalt halbwegs wert zu sein. Ob ich das dann nach Einwechslung in den Schlussminuten tatsächlich verdient hatte, steht wieder auf einem anderen Blatt und ist wohl nur schwer zu beurteilen. Zumindest aber habe ich mich immer darum bemüht, mit allem, was ich habe »zurückzuzahlen«: mit Toren, Trainingsfleiß, Engagement, Identifikation mit dem Verein bis hin zur Bereitschaft, außersportliche Termine meines Arbeitgebers wahrzunehmen. Das war das Mindeste, was ich in all den Jahren tun konnte, und all das war in der Regel mehr Lust als Last.

Dabei ist uns gut dotierten Profis bewusst, dass wir Privilegierte sind. Dafür braucht sich von uns auch niemand zu schämen, der Markt diktiert schließlich die Preise. Die meisten Profis können sich allerdings schon mit Mitte 20 einen Lebensstandard leisten, den viele Erwerbstätige anderer Branchen nicht mal zum Ende ihres Berufslebens zusammengespart haben. Auch wenn Fußball auf höchstem Niveau nur mit hartem Training, Schmerz, Leidensfähigkeit, erheblichem Druck, mitunter Verletzungen und zahlreichen sonstigen Entbehrungen einhergeht, ist unser Job keineswegs »härter« als die meisten anderen. Ich möchte in Sachen körperlicher Beanspruchung jedenfalls nicht mit beispielsweise Fliesenlegern, Verkäuferinnen oder Friseurinnen tauschen, die ganztags stehen und malochen müssen.

Umso mehr sollte sich der Profi, der mit Fußball seinen Lebensunterhalt verdienen kann und eigentlich keine Existenzängste haben müsste, in Demut und Dankbarkeit üben. Genau das scheint mir mitunter bei der heutigen Generation Jungstar zu kurz zu kommen – weil

38 Familienbande: vier Generationen, eine Meinung.

sie es nicht anders kennen. Talente werden schon im Nachwuchsbereich hofiert und mit guten Verträgen ausgestattet, wissen um ihren Marktwert, bekommen alles auf dem Silbertablett serviert – können aber vermutlich gar nicht so recht einschätzen, welch exponierte Stellung in der Gesellschaft sie tatsächlich einnehmen.

Wir Gutverdiener mit Schienbeinschonern sollten jedenfalls Gott oder welcher höheren Instanz auch immer für die Gabe danken, einigermaßen unfallfrei gegen den Ball treten zu können – wenigstens aber unseren Eltern für ihre Unterstützung bei den ersten Schritten, den Nachwuchstrainern für das erlernte Fußball-Einmaleins, den langjährigen Kumpels für ihr Verständnis und den Lehrern fürs Augenzudrücken, den Zuschauern für ihren Support, den Sponsoren für ihre Spendierhosen und der Beraterzunft für ihr Verhandlungsgeschick, last but not least unseren Partnerinnen für die moralische Rückendeckung auch in schwierigen Phasen. Kurzum bei allen, die uns zu dem gemacht haben, was wir heute sind: Glückspilze in Fußballschuhen. Ohne all diese Wegbegleiter hätten wir Profis nicht den schönsten Beruf der Welt. Das sollte sich ausnahmslos jeder unablässig vor Augen führen. Spielerisch und spaßbetont seinen Lebensunterhalt zu verdienen und sehr gut davon leben zu dürfen, ist nämlich nur ganz wenigen Privilegierten vergönnt. Deshalb danke, allen miteinander!

# [32] Hobbykeller

Echte Kerle planen beim Bau des eigenen Heims weitsichtig einen Hobbykeller ein. Nun mangelt es mir nach Fertigstellung unseres Hauses wahrlich nicht an Platz, eher an Hobbys. Gelegentliche Golf-Runden mit allerlei Handicap sind eher aktive Erholung, mit zwei linken Händen sollte ich zudem Hobelbänke aus gesundheitlichen Gründen meiden, womit es bei diesem einen alles überstrahlenden Hobby bleibt, das auch zeitlebens mein Beruf war: Fußball.

Es gibt Profis meines Jahrgangs 1988 wie Robert Lewandowski, die benötigten zur Ausstellung all ihrer errungenen Pokale und Meisterschalen einen mittelgroßen Saal. Bei mir lohnt in Ermangelung an Titeln nicht mal die Anschaffung eines Trophäen-Schranks. Dennoch sammelt sich so manches an, auf das man gern wehmütig blickt. Denn im Lauf der Jahre gab es dann eben doch mal die eine oder andere Auszeichnung, die bei uns im Unterhaus bei aller Übersichtlichkeit einen würdigen Platz einnimmt. Da wäre zunächst die olympische Silbermedaille von 2016, und farblich passend dazu das Silberne Lorbeerblatt, die höchste staatliche Auszeichnung für sportliche Spitzenleistungen in Deutschland, nach eben jenem Rio-Turnier. Die Medaillen für das Tor des Jahres und des Monats Januar 2018 sind in meiner Mini-Sammlung ebenfalls vertreten, Gleiches gilt für die Auszeichnung als Cottbuser Energie-Fußballer des Jahres 2010 und 2011 sowie die Trophäe für die Auszeichnung zum Sportler des Jahres 2016 der Stadt Freiburg, auch wenn ich mir bewusst bin, dass ich diese Ehrungen nur stellvertretend für die gesamte Mannschaft entgegengenommen habe.

Mit etwas Abstand sind auch jene Stücke von besonderem Wert für mich, die schöne Erinnerungen mit sich bringen, obwohl sie sich zunächst unmittelbar nach Finalniederlagen wie Trostpreise anfühlten: Vize-Pokalsieger mit Bayern und Freiburg, Vize-Meister 2012, Champions-League-Finalist 2012, Platz zwei bei der Wahl zum Fußballer des Jahres 2018 und in der Torjägerliste der Bundesliga des gleichen Jahres. Dann hört es auch fast schon auf mit der Sammlung. Der Eintrag in die Goldenen Bücher von Freiburg und meiner Heimatstadt Wernigerode erfüllen mich zwar auch mit Stolz, aber die Wälzer konnte ich schließlich schlecht aus den jeweiligen Rathäusern in meinen Keller entführen. Bliebe noch die echt coole Eigenkreation der Torjägerkanone 2011, die mir der FC Energie Cottbus als Zweitliga-Torschützenkönig mit 25 Treffern bastelte und seinerzeit feierlich überreichte. Eine offizielle Trophäe gab es damals noch nicht, die wurde erst 2019 eingeführt. Für den aktuell besten Joker der Bundesliga-Geschichte wurde bislang auch kein Wanderpokal angefertigt, den ich dann nach Knacken meiner bestehenden Bestmarke gern weiterreichen würde. Eine Erwähnung sind noch die originalen Spielbälle aus dem Mainz-Spiel 2020 und der Heimpartie gegen den FC Bayern 2022 wert, die mir unser Zeugwart Max Beckmann sicherte, beflockte und feierlich aushändigte. Stark! Gegen Mainz durfte ich Jogi Löw als bester Freiburg-Torschütze ablösen und gegen den Rekordmeister hatte ich meinen 100. Treffer für den SC erzielt – beides zweifellos Höhepunkte meiner sportlichen Vita.

Im Rückblick auf meine aktive Laufbahn als Fußballer bin ich trotz der überschaubaren Trophäensammlung rundum zufrieden und mit mir im Reinen, weil ich wahrscheinlich über weite Strecken aus meinen begrenzten Möglichkeiten das Maximum herausgeholt habe. Titel sind nicht alles im Leben, auch wenn jeder Sportler sie gewinnen möchte. Ich würde mir wünschen, dass sich diese Sicht der Dinge in einer Gesellschaft durchsetzte, in der allzu oft der Zweite bereits als erster Verlierer betrachtet wird, was den erbrachten Leistungen selten gerecht wird. Ich wage sogar die Behauptung: Die Qualifikation

39 Goldstaub: Meine behütete Trikot-Galerie im Untergeschoss unseres Hauses vor den Toren Freiburgs.

des 1. FC Union Berlin oder des SC Freiburg für das internationale Geschäft ist angesichts der millionenschweren Konkurrenz nicht weniger wert als der nächste Meistertitel für den FC Bayern München. Gleiches gilt auch für den Durchmarsch des SV Elversberg von der 4. in die 2. Liga oder den Aufstieg des SV Darmstadt 98 und des 1. FC Heidenheim in die höchste Spielklasse. Dort wird herausragende Arbeit auf konstant hohem Niveau geleistet, vermutlich ständig am absoluten Limit.

Apropos Hobby: Seit vielen Jahren sammle ich Trikots und habe wohl mehrere Hundert zusammengetragen. Eine Auswahl hängt gerahmt im Flur und lässt unschwer erkennen – aha, Fußballfan. Darunter sind die Trikots von Raketen wie Joshua Kimmich oder Xabi Alonso, Mario Gómez oder Franck Ribéry. Getauscht habe ich aber weniger mit den ganz großen Weltstars, sondern vor allem mit Kollegen, mit denen ich etwas verbinde oder zusammengespielt habe. Im Lauf der Zeit kamen so bestimmt fünf Trikots vom FC Erzgebirge Aue und vier vom FSV Frankfurt zusammen. Jedes erzählt seine eigene kleine Geschichte und keines davon möchte ich missen. Es ist mein persönliches Hobby, und die Trikots sind für mich wie Trophäen: mit immensem Erinnerungswert auch noch in vielen Jahren; fein säuberlich aufbewahrt in meinem Hobbykeller.

# [33] Finale furioso

Erstens kommt es anders und zweitens als man denkt. Ich hatte einige Wochen, wenn nicht gar Monate Zeit, darüber zu sinnieren, wie es denn sein wird: das letzte Mal vor heimischer Kulisse. Bei einigen Verabschiedungen scheidender Kollegen war ich schon live dabei gewesen oder hatte in diversen Medien verfolgt, wie die feierliche Übergabe des obligatorischen Erinnerungsgeschenks samt festem Händedruck, Stadiondurchsage und In-die-Runde-Winken vonstattengehen. War ich also gewappnet? Business as usual? Von wegen! Als Betroffener sind die Knie plötzlich weich wie Gummi, der Kloß im Hals lässt sich partout nicht runterschlucken und die feuchten Augen sind keineswegs Folge einer nahenden Bindehautentzündung.

Generell mag ich es nicht sonderlich, das gesamte Spektrum meiner Emotionen im Gesicht spazieren zu tragen. Was gefühlsmäßig in mir rumort, geht niemanden etwas an. Das mache ich mit mir selbst aus. Doch an jenem Freitagabend, dem 19. Mai 2023, meinem letzten Spiel vor dem Freiburger Publikum, war ich schlichtweg rundum glücklich, ergriffen und unendlich dankbar für alles, was ich da erleben durfte, was mir von allen Seiten an Sympathie und Zuneigung entgegengebracht wurde, für diese immense Wertschätzung und Anerkennung tausender Menschen.

Die Dramaturgie für diese letzte Partie im Wohnzimmer Europapark-Stadion hätte kitschiger kaum sein können. Jede noch so schnulzige Groschenromanstory wirkt weniger aufgesetzt. Erst trifft mein Kapitän Christian Günter unmittelbar nach unserer gemeinsamen Einwechslung zur 1:0-Führung gegen den VfL Wolfsburg, dann erziele ich ein paar Minuten danach tatsächlich meinen allerersten Saisontreffer am vorletzten Spieltag aus Nahdistanz (O-Ton *ARD*-Radioreportage: »Wer hat denn hier eigentlich das Drehbuch geschrieben?«) und wenig später wie im Rausch sogar noch ein zweites Tor obendrauf. Einen Doppelpack zum Abschied fand der Unparteiische dann aber wohl doch zu viel des Guten und erkannte den Treffer ab. Schade eigentlich. Zwischen Kopfball und VAR-Entscheid blieb jedoch genügend Zeit, um von den gratulierenden Mitspielern unisono zu hören: Du hast es dir verdient! Ein größeres Kompliment gibt es nicht von scheinbar abgebrühten Profis. Sie alle haben mir ein Tor zum Abschluss von Herzen gegönnt, und weil mein letzter Treffer so lange zurücklag, hatte ich fast vergessen, wie man jubelt. Millionen Gedanken schossen mir durch den Kopf, gleichzeitig lief vor meinem geistigen Auge ein Film wie im Zeitraffer, all das irgendwie unwirklich und eigentlich zu schön, um wahr zu sein. Und das alles begleitet vom Jubel einer euphorischen Menschenmenge.

Was ich dann nach dem Schlusspfiff erleben durfte, toppte die frenetischen Ovationen während des Spiels nochmals. Wie geht man damit um, wenn sich ein ganzes Stadion zum Abschied für Jonathan Schmid und mich erhebt? Es gibt dafür keine Anleitung, keine Probe, keinen Vergleich. Am meisten hat mich beeindruckt, was die Fans für diesen Moment alles geplant, vorbereitet und organisiert hatten, offenbar ganz unabhängig davon, wie das Spiel ausgeht, ob ich das Tor treffe oder nicht: Vor der Südtribüne durfte ich eine riesige Fahne mit meiner Rückennummer und meinem Namen schwenken, es gab Fan-Banner »Danke Nils« und das Spruchband »Niemand ist größer als der Verein – aber Du warst verdammt nah dran«, Plakate mit »NP 18«, zahllose Lichter, wohin man auch schaute. Meine Freunde und Familie trugen eigens kreierte Schilder, Carla rang vor Rührung mit den Tränen. Diese gesamte Choreografie vom Gang zu den Fans samt Gesang und Megaphon bis zur Stadionrunde habe ich wie im Tunnel erlebt, wie in Trance, eine Überdosis Glück zum Ende meiner aktiven Laufbahn.

40  Der letzte Akt. In meinem letzten Heimspiel am 19. Mai 2023 schwenkt Kapitän Christian Günter »meine« Fahne vor dem Fanblock – mit mir darin als Vorsänger.

Mehr geht nicht. Gänsehaut pur ist fast schon eine unzulässige Untertreibung. Dieser Abend wird der emotionale Höhepunkt meiner Erinnerungen bleiben. Für immer.

Ich hatte mich in all den Jahren meiner Fußballerkarriere bemüht, jedem mit Respekt zu begegnen, ihn bekam ich allein bei diesem unvergesslichen Finale furioso nun tausendfach zurück – von den Fans, den Mannschaftskameraden, Trainern, Vereinsverantwortlichen, Medienvertretern. Dieser Abend hat mir gezeigt: Offenbar habe ich etwas hinterlassen, nicht nur sportlich, sondern auch als Mensch – das berührt mich sehr und erfüllt mich mit Stolz und Dankbarkeit.

# [34] Zurück in die Zukunft

Das offizielle Ende einer sportlichen Laufbahn fällt selten überraschend und ohne Vorwarnung vom Himmel. Natürlich habe ich bei unzähligen Spaziergängen, Busfahrten oder Telefonaten in den vergangenen ein, zwei Spielzeiten über das nun Kommende sinniert und diskutiert, aber am Ende ist es doch die berühmte Fahrt ins Blaue. Dass der Tag X kommt, war immer klar. Phasen der Wehmut gepaart mit gelegentlich aufkommenden Zukunftsängsten wechselten sich dabei mit der Vorfreude auf »Freiheit«, Loslassen und Entspannung ab.

Ich habe bis zum Schluss nicht gewusst, ob es das wirklich gewesen sein soll. Diese Endgültigkeit fühlt sich merkwürdig an, unwirklich. Ich bin gern 34 Jahre alt und möchte nicht mehr die Zeit zurückdrehen, weil ich mehr als zufrieden bin und mich auf die Zukunft freue. Doch hatte ich oft das Gefühl, noch irgendetwas verpassen zu können. Es bot sich die Möglichkeit, nochmal woanders Fuß zu fassen, aber offen gestanden: Ich bin satt – im Kopf, sagt mir mein Bauch. Ich möchte den Druck nicht mehr. Ich möchte mich nicht mehr schinden und täglich auf dem Platz vergleichen müssen, mich nicht mehr den damit einhergehenden Erwartungen aussetzen, schon gar nicht bei einem neuen Verein, wo eine durchaus stolze Torausbeute allein aufgrund der Vita Grundvoraussetzung für das Interesse an mir gewesen sein dürfte. Schließlich ist da noch der Anspruch an mich selbst, dem ich bereits in den zurückliegenden Vertragsjahren nicht mehr vollends zu genügen glaubte. Mit sich selbst und seiner Leistung nicht rundum zufrieden zu sein, ist wahrscheinlich schlimmer, als den Trainer zu enttäuschen.

Es musste also eine Entscheidung her, was alles andere als leicht war. Sie fiel in Summe aller Überlegungen gegen das Profidasein aus. Auch auf die Gefahr hin, in ein mentales Golf-Loch zu fallen, den vertrauten Rhythmus der vergangenen 16 Jahre abzulegen und fortan auf die tägliche Anerkennung zu verzichten, die mir zumeist unaufgefordert entgegengebracht wurde.

Bei aller Klarheit der Entscheidung, so war es für mich ab dem ersten Tag vorerst ohne feste Arbeit dennoch seltsam. So nervig der durchstrukturierte Alltag eines Bundesligaspielers auch ist, gibt er doch Orientierung und Halt. Er bietet wenig Spielraum für Spontaneitäten. Treffpunkte, Abfahrtszeiten, Regeln, Kleiderordnungen: alles war täglich vorgegeben. Also gilt es seit meinem Abschied, mich fortan selbst zu organisieren, zu disziplinieren, zu motivieren. Das ist spannend ohne die vertraute Gruppendynamik einer intakten Mannschaft, aber auch reizvoll, eine gänzlich neue Erfahrung.

Nach dem Ausschlussprinzip galt es zunächst, in mich hineinzuhorchen, welche beruflichen Ambitionen ich vermutlich nicht habe bei der Umschulung vom Fußballer zum – ja, was eigentlich? Es sollte im Idealfall das Fußball-Business im weitesten Sinn sein. Hier kenne ich mich aus, das war immer meine Kernkompetenz, und ehrlich gesagt, auch meine einzig nennenswerte Fähigkeit. Der Sportart würde ich ohnehin stets die Treue halten, weil ich dieses im Grunde simple Spiel in all seinen Facetten so unendlich liebe. Doch bei allem Expandieren, Spezialisieren und Professionalisieren, die ungebremste Aufstockung von Staff und Belegschaft der Vereine mitgerechnet, sind die Jobs im Fußball letztlich rar gesät. Der Markt braucht eben nur eine begrenzte Anzahl an Trainern, Managern, TV-Experten oder Spielerberatern, irgendwann ist der Bedarf gedeckt. Jedes Jahr werden neue Ex-Profis in diesen Industriezweig gespült, die hier eine sinnvolle Aufgabe suchen und im Fußballbusiness ihren Lebensunterhalt verdienen wollen.

Relativ sicher bin ich mir schon mal damit, dass ich nicht in die Fußstapfen meines Vaters treten werde. Ich habe mir bei ausnahmslos allen Trainern meiner Karriere vieles abschauen können, bei Jupp Heynckes, Thomas Schaaf oder Christian Streich. Das sind nur die Namhaftesten unter all den zumeist guten Übungsleitern, die mir in meiner Karriere begegnet sind. Bei jedem einzelnen von ihnen habe ich meinen Blick auf die Details und mein eigenes Spiel verbessern können. Aber in der Menschenführung blieb mein Vater immer das Paradebeispiel für mich: Zwar alte Schule und harte Gangart, aber ich hatte danach nie mehr den Trainer, der es vermocht hätte, mich so zu pushen, wie mein Vater es in meiner Kindheit und in seiner Trainerkarriere mit anderen Spielern oft hinbekommen hat. Ich musste beißen und hart arbeiten. Schon als Kind ließ er mich bluten, manchmal sogar im wahrsten Sinn des Wortes. Aber es hat mich sportlich gesehen vorangebracht, sosehr ich manchmal unter dem mir selbst auferlegten Druck litt, es ihm recht zu machen.

Dass ich schon während meiner aktiven Laufbahn keine Trainerlizenzen ablegen wollte, war meiner Weitsicht geschuldet. Der Trainerposten ist mir als ausgeprägtem Harmonietypen sicher nicht auf den Leib geschneidert. Jemanden aus Mangel an Perspektive trotz täglicher Quälerei auszusortieren – das würde mir unfassbar schwerfallen. Gleiches gilt für unpopuläre Entscheidungen aller Art, von denen es mehr als genug in diesem konkurrenzbasierten Geschäft gibt. Auch das Nomadenleben lasse ich nur allzu gern hinter mir. Als Trainer an diesem und jenem Ort würde ich wieder Umzugskisten packen und Bürgerämter aufsuchen müssen. Das ist das Los der Gilde – sofern man nicht Christian Streich heißt und jahrzehntelang erfolgreich vor der eigenen Haustür arbeitet. Nach zigtausend zurückgelegten Kilometern, hunderten von Hotelübernachtungen und viel zu vielen Abschiedsküssen an der Haustür möchte ich einfach zur Ruhe kommen und gänzlich heimisch werden. Die Voraussetzungen sind mit meiner Frau, unserem Haus und Freundeskreis nicht ganz zufällig genau dafür geschaffen. Generell sehe ich mich perspektivisch nicht unbedingt wieder in der ersten Reihe. Die habe ich lang genug erleben dürfen, nun kann das Rampenlicht gerne gedimmt werden. Mal schauen, ob ich es dann auch ohne Scheinwerfer aushalte.

Nochmals zum Trainerjob: Die Cheftrainer im Profifußball bieten den Arbeitgebern meines Erachtens das bemerkenswerteste Preis-Leistungs-Verhältnis, gemessen an der enormen Verantwortung, den geforderten Qualifikationen und der Aufgabenfülle aller Fußballlehrer in Lohn und Brot. Ohne die Gehälter im Einzelnen zu kennen, aber lizenzierte Übungsleiter müssen heutzutage coachen, psychologisch geschult sein, etwa 25 Diven bei Laune halten, 18-jährige Jungspunde mit dem Selbstbewusstsein von Platzhirschen erziehen und zügeln, Eltern- oder Beratermeinungen anhören (obwohl diese beim wöchentlichen Training nicht dabei sind), wieder und wieder Interviews geben, sich nach Niederlagen gegenüber mitunter Ahnungslosen für individuelle Fehler ihrer Schützlinge rechtfertigen, stundenlang analysieren und sogar medizinische Zusammenhänge erkennen und beurteilen. Diese Arbeit 24/7 ist absolut kein Pappenstiel. Dafür gebührt jedem Trainer mein größter Respekt, umso mehr allerorten unzählige vermeintliche Besserwisser lauern und alles infrage stellen.

Mindestens ebenso wenig interessiert mich eine Tätigkeit als Spielerberater. Sich gern selbst völlig falsch einschätzende, unreflektierte Spieler auf dem Transfermarkt wie ein Marktschreier an den Mann beziehungsweise Club zu bringen, wäre überhaupt nicht mein Ding. Natürlich gibt es auch gute Jungs, aber ich als Außendienstmitarbeiter mit einem eher geringen Verkaufstalent passe wohl an keinen Verhandlungstisch dieser Fußballwelt. Ich habe nicht einmal für mich selbst jemals mehr Gehalt gefordert, als mir angeboten wurde. Wie soll ich das dann für Klienten übernehmen?

Für mich sind im Lauf meiner Karriere drei Berateragenturen tätig gewesen. Nicht, dass ich schwierige Trennungen hatte, gewiss nicht. Aber es hat sich einfach so ergeben, dass hierbei auch unangenehme Gespräche nötig waren. Da brauchte es einen neuen Fachmann an der Seite, der ausschließlich Verträge aushandeln sollte. In der Branche

41 Freund und Geschäftspartner: Kiyoshi Fujii bei der Eröffnung unseres Hamburger Restaurants ku'o.

nicht einmal so unübliche Berater-Anrufe beim Vereinsmanager oder Trainer zum Ausloten der Einsatzchancen des Mandanten habe ich dagegen von meinen Beratern nie gewollt oder eingefordert. Denn ich konnte mich in aller Regel recht ordentlich auf mich selbst besinnen und habe die wenigen schwierigen Gespräche eigenverantwortlich geführt, was meiner Selbstsicherheit und letztendlich meiner Persönlichkeit durchaus zugutekam, sosehr ich vor jenen Unterredungen auch Bauchschmerzen hatte.

Die Suche nach noch ungeahnten beruflichen Herausforderungen auf hinteren Bänken wird zweifelsohne dadurch erleichtert, dass die wenigsten von uns Ex-Profis unmittelbar nach Karriereende ihre Sparbüchsen plündern müssen, zumindest wenn man nicht komplett über die eigenen Verhältnisse gelebt hat oder allzu übereifrige Anlageberater einen schlechten Tag zu viel hatten. Allerdings kann und will ich auch nicht auf der faulen Haut liegen und zum Serienjunkie mutieren; dafür ist die vor mir liegende Strecke – hoffentlich – noch zu lang. Der SC Freiburg zeigte sich bei den gemeinsamen Überlegungen meine Zukunft betreffend sowohl kulant als auch geduldig. Nach einer Phase des persönlichen Konsolidierens werde ich ein Trainee-Programm in der beiderseitigen Absicht durchlaufen, dem Verein erhalten zu bleiben – oberhalb des Kabinentrakts. Ziel ist es, in alle Abteilungen hineinzuschnuppern und mir ein Bild von den einzelnen Stationen und Abläufen zu machen. Im Idealfall finden wir dann eine interessante Tätigkeit, die mir liegt und die auch für den Club von Vorteil ist. Ich bin fest entschlossen, meine Fixkosten auch künftig selbst zu verdienen und möchte nichts geschenkt bekommen. Geben und Nehmen, wie es sich gehört. Es bleibt also spannend, und ich bin wirklich neugierig, was auf mich zukommt.

In den zurückliegenden Jahren bin ich im Hinblick auf meine berufliche Zukunft nicht tatenlos geblieben und habe regelmäßig versucht, meinen Horizont mit dem Fokus auf »später« sukzessive zu erweitern. So hat es zumindest nicht geschadet, das Schulenglisch online aufzupeppen, sich mit Investitionen bei Start-ups zu beschäftigen, eine erworbene Immobilie selbst zu verwalten, sich wie jüngst im Rahmen einer DFB-Aktion als Schiedsrichter zu probieren – oder ein Buch zu schreiben. Das alles hätte ich mir zu Beginn meiner Karriere nie träumen lassen.

Gleiches gilt für unser Restaurant ku'o. Meinen Geschäftspartner und Freund Kiyoshi Fujii lernte ich während meiner Zeit beim FC Bayern München kennen, er war damals Dolmetscher für meinen Mitspieler Takashi Usami. Wir verbrachten viel Zeit miteinander und probierten kulinarisch auf diversen Hinterhöfen an der Isar so ziemlich alles aus, was uns zwischen die Kiefer kam. (Vielleicht war der verzehrte frittierte Hühnerfuß seinerzeit auch der Anstoß für meine spätere Entscheidung für vegane Ernährung, wer weiß.) Acht Jahre später reifte jedenfalls die Idee zu einem japanischen Bistro, das wir 2021 gemeinsam in der Osterstraße in Hamburg eröffneten. Um auch mal hinter der Theke aushelfen zu dürfen, absolvierte ich eigens die erforderlichen Kurse bei der Industrie- und Handelskammer. Und siehe da: Es macht echt Spaß. Inzwischen freue ich mich, dass auch viele Freiburger oder Bremer bei einem Trip in die Hansestadt im ku'o vorbeischauen

42 Glück ist das Einzige, das sich verdoppelt, wenn man es teilt.

und etwas von der breit gefächerten Speisekarte probieren. Unnötig zu erwähnen, dass ich nun öfter die Gelegenheit haben werde, bei meinem Freund selbst als Gast einzukehren.

Zunächst gilt es jedoch, der Realität unerschrocken ins Auge zu blicken: Ich bin raus, spiele nicht mehr wöchentlich in stimmungsvollen Stadien wie überhaupt nur noch selten Fußball. Es gibt keinen Spind mehr für mich, und Trikots oder Autogrammkarten wird niemand mehr wollen. Mein Name wird nicht mehr gerufen. All das wird mir sicherlich fehlen, wie wollte ich das abstreiten. Denn es gibt für mich nichts Schöneres als zu kicken, Teil einer coolen und noch dazu erfolgreichen Truppe zu sein – das hat sich seit Kindheitstagen nicht geändert. Trotzdem genieße ich nun die Freiheit, tun und lassen zu können, wonach mir ist, Zeit mit meiner Frau zu verbringen, die Familie und Freunde häufiger zu besuchen, die Welt besser kennenzulernen, ja, als einfacher Fußballfan freudetrunken die Mannschaft nach vorne zu peitschen. Wenn es dann mit meiner Entdeckungstour durch die Büros des SC Freiburg richtig losgeht, dann wird sich der hoffentlich ungebrochene Ehrgeiz des Sportlers in mir zu Wort melden. Gebraucht

zu werden, etwas zurückzugeben, mitzugestalten und die unglaubli-
che Entwicklung dieses Clubs weiterhin zu begleiten, das ist nämlich
ein Herzenswunsch. Diese Chance möchte ich nutzen und freue mich
auf jedes einzelne Kapitel Leben, das nun nach Karriereende hinzu-
kommt. Vermutlich eher im Hintergrund als in Reihe eins.

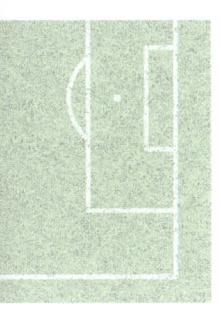

# Epilog

Fußball in Deutschland war irgendwann einmal die schönste Nebensache der Welt. Inzwischen heißt es nicht selten: Hauptsache Fußball – als Lebensinhalt und -elixier für zehntausende Fans, als Existenzgrundlage und Perspektive für hunderte Spieler, Trainer und Clubmitarbeiter, für wenige als Chance auf gesellschaftlichen Aufstieg und für einige wohl auch als Traum vom ganz großen Glück. Gemessen an der Anzahl von Anwärtern schafft es jedoch nur eine kleine Schar an Talenten bis in den Bundesliga-Olymp. Doch davon sollten sich kleine und große Kicker nicht beirren lassen. Denn vornehmlich darf Fußball vor allem Spaß machen und ist in all seinen Facetten auch eine geeignete Schule fürs Leben, wenn auch nicht die einzige. Ich jedenfalls habe sehr viel gelernt auf dem Weg vom Knirps zum Profi.

Fußball vermittelt seit jeher Werte: das Wir-Gefühl und Miteinander innerhalb der Mannschaft, die Ein- und Unterordnung im Team, das Hintanstellen des eigenen Egos, der Umgang mit Erfolg und Misserfolg, das Akzeptieren der Entscheidungen von Trainern oder Schiedsrichtern, nicht zuletzt auch den Respekt vor dem Kontrahenten. All diese Komponenten prägen die Persönlichkeit und den Charakter von aktiven Fußballern und bereiten sie auf das Leben außerhalb des Rasens vor, ganz gleich in welcher Spiel- oder Altersklasse.

Die populärste aller Sportarten hierzulande bezog ihre immense Anziehungskraft stets aus ihrer Einfachheit, aus einem verständlichen Regelwerk, nicht zuletzt daraus, überall und mit jeder Art von Kugel draufloskicken zu können. Zwar ist das Leben kein Wunschkonzert, was besonders auch für den Fußball zu gelten scheint. Dennoch wünsche ich mir, dass der Zulauf von begeisterten Talenten ungebrochen bleibt, die Kleinsten beim fußballerischen Einmaleins nicht zu früh in Rollen und Muster gezwängt werden, eine zu hohe Erwartungshaltung unsere Kinder nicht überfordert, sondern vielmehr ihre Freude an spielerischer Bewegung im Vordergrund steht. Die Stadien dürfen gern weiterhin prall gefüllt sein, und ich drücke alle Daumen, dass die Attraktivität unseres Sports durch Reizüberflutung nicht eines Tages schleichend nachlässt durch die tägliche Übertragung von Spielen immer neuer Wettbewerbe. Und: Fußball sollte verbinden, er darf nicht spalten.

Im milliardenschweren Big Business Fußball geht es heutzutage um Erfolg um jeden Preis. Koste es, was es wolle. Der knallharte Konkurrenzkampf ist unerbittlich. Es geht um Geld, Verträge, Marktwerte. Doch bei aller Professionalität und Ernsthaftigkeit bleibt es Sport – vor allem: ein Spiel. Es geht nicht um Leben und Tod, auch wenn es sich manchmal so anfühlt angesichts der kollektiven Leidenschaft und Inbrunst auf und neben dem Platz. Bei aller Bedeutung des Fußballs gibt es immer Wichtigeres und leider auch Schlimmeres im Leben: Krankheit, Kriege, Katastrophen. Das sollte bei aller Emotion innerhalb und außerhalb der wunderschönen Stadien in Deutschland stets Berücksichtigung finden. Deshalb liegt mir mit der notwendigen Distanz nach Abschluss der aktiven Laufbahn daran, eindringlich darauf hinzuweisen: Hinter jedem Fußballer steckt ein Mensch, hinter jedem Verein eine Philosophie und hinter jedem Ergebnis eine Geschichte, und somit deutlich mehr als Tabellenplätze und nackte Resultate.

Ich würde mich freuen, wenn sich künftige Generationen meiner Zunftgenossen wieder mehr auf sich selbst besinnen und ihr Dasein als Fußballprofis als das betrachten, was es ist: ein Privileg, keine Selbstverständlichkeit – und zweifellos einer der schönsten Berufe der Welt. Das wertzuschätzen, mit Herzblut hart an sich zu arbeiten, Verträge ernst zu nehmen und nicht beim geringsten Gegenwind die Segel

43  Blick zurück und doch nach vorn. Mit Stolz und Dankbarkeit.

zu streichen, das wünsche ich mir von den Stars von morgen. Dazu gehört auch die Erkenntnis, dass sich Fans und Sympathisanten eher nicht deshalb jubelnd in den Armen liegen, weil der neureiche Jungprofi seine Designertasche auf Social Media postet oder stolz den 350-PS-Boliden präsentiert. Wenn er aber ein wichtiges Tor erzielt, mit letztem Einsatz einen Gegentreffer verhindert oder einfach bis zum Umfallen kämpft – dann darf genau das gewürdigt, honoriert und mit Applaus bedacht werden. Fußballer sind nicht zuletzt Künstler, die Zuschauer ihr Publikum. Jeder Athlet sollte mit seiner Hingabe dafür sorgen, dass es nach Zugabe ruft und sich von den Bänken erhebt. Wer im Rückblick auf seine sportliche Laufbahn von sich behaupten darf, sein Talent vollständig ausgereizt und mit Fleiß und Ehrgeiz zu optimaler Leistung vereint zu haben, kann sich zufrieden den neuen Herausforderungen des Lebens stellen. Sie zu meistern, ist das eigentliche Geheimnis.

# Anhang

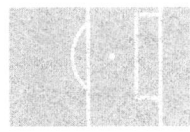 Abgerechnet wird zum Schluss:
Qualen in Zahlen

# Haltestellen

| | |
|---|---|
| 1993 – 1994 | FC Einheit Wernigerode |
| 1994 – 2000 | 1. FC Wernigerode |
| 2000 – 2001 | FC Einheit Wernigerode |
| 2001 – 2004 | VfB Germania Halberstadt |
| 2005 – 2008 | FC Carl Zeiss Jena |
| 2009 – 2011 | FC Energie Cottbus |
| 2011 – 2012 | FC Bayern München |
| 2012 – 2014 | SV Werder Bremen |
| 2015 – 2023 | SC Freiburg |

# Einsatzfreude

| Spielklasse | Einsätze | Tore |
|---|---|---|
| Bundesliga | 295 | 89 |
| 2. Bundesliga | 110 | 60 |
| DFB-Pokal | 37 | 20 |
| Internationale Spiele (Nationalmannschaft, UEFA Champions League, Europa League, Olympia, U-Auswahl) | 30 | 10 |
| 3. Liga | 19 | – |
| Regionalliga Nord und Süd | 16 | 7 |
| NOFV-Oberliga Nord und Süd | 28 | 14 |
| Summe | 535 | 200 |
| *Einwechslungen* | *224* | |
| *ohne Einsatz im Kader* | *78* | |

# Trefferbild

| | | |
|---|---|---|
| Fünferpack | 1 | Deutschland – Fidschi 10:0 (Olympisches Fußballturnier 2016) |
| Viererpack | 2 | SC Paderborn – Energie Cottbus 0:5 (2. Bundesliga) HSV Barmbek-Uhlenhorst – SC Freiburg 0:5 (DFB-Pokal) |
| Dreierpack | 4 | gegen Eintracht Frankfurt, 1. FC Nürnberg, Paderborn, 1. FC Köln |
| Doppelpack | 15 | 9 in der Bundesliga, 6 in der 2. Bundesliga |
| Jokertore (Bundesliga) | | 34 (davon 30 für den SC Freiburg) |
| *ARD-Sportschau:* Tor des Monats Januar / Tor des Jahres 2018 | | 27. Januar 2018: zum zwischenzeitlichen 1:2 Borussia Dortmund – SC Freiburg (Endstand 2:2) |
| Schnellstes Tor | | 2. April 2022: nach 17 Sekunden zum zwischenzeitlichen 1:1 SC Freiburg – FC Bayern München (Endstand 1:4) |
| Schnellster Hattrick | | 27. Juli 2015: 3 Tore innerhalb von 5 Minuten zum 3:0 SC Freiburg – 1. FC Nürnberg in der 2. Bundesliga (Endstand 6:3) |

| Verein | Tore |
| --- | --- |
| SC Freiburg | 105 |
| SV Werder Bremen | 18 |
| FC Energie Cottbus | 38 |
| FC Carl Zeiss Jena II | 11 |
| FC Energie Cottbus II | 8 |
| FC Carl Zeiss Jena | 7 |
| FC Bayern München | 4 |
| FC Bayern München II | 2 |

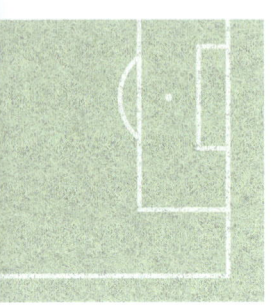

# Schriftführer

Zum Niederschreiben meiner Selbstgespräche in Kapitelform hat mich nicht zuletzt mein Freund und Weggefährte Lars Töffling ermutigt, den ich als damaligen Pressesprecher des FC Energie Cottbus bereits aus meiner Zeit in der Lausitz kenne und zu dem der Kontakt nie abgerissen ist. Er half maßgeblich bei der thematischen Sortierung meiner Gedanken, nahm mitunter meine »Geistesblitze« per Diktat auf und war wertvoller Ratgeber beim Kramen in Erinnerungen. Herzlichen Dank dafür.

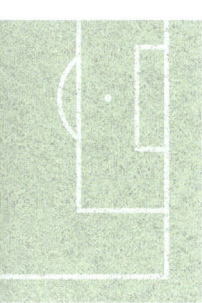

# Bildnachweis

| Bildnummer | © |
| --- | --- |
| 1, 21, 40 | Sport-Club Freiburg e. V. |
| 2, 3, 4, 10, 11, 13, 14, 17, 18, 20, 25, 27, 28, 29, 32, 34, 35, 36, 38, 39, 41, 42 | Nils Petersen / privat , |
| 5, 7, 9, 12, 23, 26, 30, 31, 37 | Imago |
| 6 | Peter Aswendt |
| 8 | ullstein bild – Pressefoto Ulmer |
| 15, 33 | Yuliia Perekopaiko/DFB |
| 16 (Karte) | Peter Palm, Berlin |
| 19 | Zoonar/Joachim Hahne |
| 22 | picture alliance/dpa | Tom Weller |
| 24 | Thomas Kienzle, AFP |
| Coverbild, 43 | Uwe Köhn, Halle (Saale) |